Ser+
com Criatividade e Inovação

Mauricio Sita
Coordenação editorial

Você tem neste livro lições para *Ser+com Criatividade e Inovação* dos seguintes especialistas:

Ademir Vogel
Dilson Almeida
Elisa Próspero
Fernando Oliveira
Gilmara Gonçalves
Guilherme Moscardi
Inácia Soares
Jair Henrique Reis
José Osvaldo de Oliveira
Lúcia Pacheco
Luciane Mina
Maria Rita Sales
Mario Divo
Paulo Balreira Guerra
Prof. Douglas de Matteu
Roberto Degregório Gerônimo
& Marcílio Leite Neto
Sérgio Cochela
Washington Zucoloto
Werner K. P. Kugelmeier
William Caldas

Copyright© 2011 by Editora Ser Mais Ltda.
Todos os direitos desta edição são reservados à Editora Ser Mais Ltda.

Capa e Projeto Gráfico:
Danilo Scarpa

Revisão:
Karina Cedeño

Gerente de Projeto:
Gleide Santos

Diretora de Operações:
Alessandra Ksenhuck

Diretora Executiva:
Julyana Rosa

Relacionamento com o cliente:
Claudia Lima

Impressão:
Imprensa da Fé

Dados Internacionais de Catalogação na Publicação (CIP)
(Câmara Brasileira do Livro, SP, BRASIL)

Ser+com Criatividade e Inovação – Os segredos para o sucesso dos processos de mudanças / Coordenação editorial: Mauricio Sita – São Paulo: Editora Ser Mais, 2011.

Bibliografia.
ISBN 978-85-63178-17-6

1.Inovação. 2. Sucesso nos negócios.

CDD - 658

Índices para catálogo sistemático:
1. Inovação.
2. Sucesso nos negócios.

Editora Ser Mais Ltda
Av. Rangel Pestana, 1105, 3º andar – Brás – São Paulo, SP – CEP 03001-000
Fone/fax: (0**11) 2659-0968
Site: www.editorasermais.com.br E-mail: contato@revistasermais.com.br

Índice

Apresentação 07

A viagem insólita da inovação!
Ademir Vogel 09

Inovação & Criatividade na liderança - Como INOVAR e produzir motivação nas equipes em um mercado de ALTA ROTAÇÃO
Dilson Almeida 17

Um sonho humano. O melhor de que somos capazes
Elisa Próspero 25

Redescubra seus talentos
Fernando Oliveira 33

A vida é criativa
Gilmara Gonçalves 41

"Às margens do lugar comum"
Guilherme Moscardi 49

Criatividade nos relacionamentos
Inácia Soares 57

Inovação: uma característica e não um objetivo
Jair Henrique Reis 65

Invente um novo você
José Osvaldo de Oliveira 73

Uma questão de estar em movimento
Lúcia Pacheco 81

Criatividade... iiiih, deu branco!
Luciane Mina 89

Criatividade, diferencial na formação de líderes humanizados
Maria Rita Sales 97

Em busca da vantagem competitiva. Uma sugestão criativa e inovadora para a pequena e média empresa
Mario Divo 105

Criatividade e inovação nas empresas

Paulo Balreira Guerra..113

Aprenda a ser mais criativo agora! Técnicas e segredos
Prof. Douglas de Matteu..121

Central de Treinamento: para inovar na comunicação com seu público e usar de forma criativa e adequada as ferramentas de treinamento
Roberto Degregório Gerônimo & Marcílio Leite Neto....................129

Inovação, transformando o discurso em prática
Sérgio Cochela..137

Penso, logo tenho potencial para criar e inovar!
Washington Zucoloto..145

Para ter mais, você precisa ser mais – criativo e inovador...E agora?
Werner K. P. Kugelmeier..153

A criatividade e a inovação nas empresas
William Caldas..161

Apresentação

Até hoje não descobri quem define a era em que estamos.

Já repararam que vira e mexe muda a era? Passamos pela era da informação, do conhecimento, da globalização, da educação, da tecnologia etc.

Uma era atropela a outra e vai deixando certo rastro de obsolescência. De nossa parte vamos ficando mais experientes, à medida que participamos ativamente dessas eras todas. E, como não sei quem batiza as eras, defendo que deveria existir apenas uma era, a da Criatividade. É ela que desencadeia todas as outras sub-eras. Depois do ser humano e da sua inteligência, nada neste mundo é mais importante do que a criatividade. Só ela aciona e revoluciona a nossa existência e tudo o que vivenciamos.

Se você está lendo este livro é porque concorda com o que estou falando e sei que por isso não preciso me estender na defesa dessa minha tese. Complemento apenas que é o exercício eficaz da criatividade que resulta na inovação. De era em era, a criatividade objetivamente aplicada resulta em inovações, que transformam as eras, o mundo e nós mesmos.

Você está tendo uma oportunidade única. Num só livro encontrará os pensamentos dos maiores especialistas em Criatividade e Inovação do Brasil. O nome da Coleção Ser + se encaixa perfeitamente nos propósitos deste livro. Ao "beber" todo o conhecimento aqui exposto, estará com certeza preparado para Ser Mais.

Os livros da nossa coleção têm mais uma característica criativa e inovadora: não terminam na última página. Através do blog www.editorasermais.com.br/colecaosermais/ser-mais-com-criatividade-e-inovacao você se manterá atualizado, uma vez que todos os coautores têm sua página e darão continuidade ao tema. Bom né?

Boa leitura!

Mauricio Sita
Coordenação Editorial
Presidente da Editora Ser Mais

Ser + com Criatividade e Inovação

1

A viagem insólita da inovação!

Creio que todos se lembram do filme *Viagem Insólita*, de 1987, onde um submarino é encolhido até o tamanho molecular e, por acidente, é injetado no corpo de um ser humano.
Neste artigo, convido-o a participar de uma viagem pelo nosso cérebro, onde serão relatadas várias ideias criativas e inovadoras, que mantiveram empresas liderando seus segmentos por anos

Ademir Vogel

10 **Ser + com Criatividade e Inovação**

Ademir Vogel

Charles Darwin, com suas descobertas que desafiaram tudo o que se sabia a respeito dos seres vivos, foi mais sucedido na descoberta dos mecanismos básicos na mudança evolutiva. Esta teoria demonstrava que os seres da Terra evoluem através de suas diferenciações, isto é, com a necessidade de sobrevivência perante os seus predadores, foi preciso **inovar** na fuga, ou ser mais criativo no ataque. À medida que a presa evoluía, gerava também a necessidade do predador inovar, por meio de *tentativa e erro*, caso contrário, a morte estaria anunciada.

Percebeu-se, a partir daí, que a evolução dos seres vivos fomentava a necessidade de sermos criativos e inovadores, seja para se diferenciar das demais espécies ou para garantir a própria sobrevivência. Portanto, é fundamental entender a nossa fase biológica da inovação.

Imaginem que somos o piloto Tuck do filme *Viagem Insólita* e o nosso submarino chama-se SubInov, cujo combustível é a criatividade. A diferença entre a viagem realizada pelo piloto Tuck e o nosso submarino SubInov está em nosso trajeto. Nossa viagem se limitará ao *cérebro*, local por meio do qual identificamos, captamos, selecionamos, desenvolvemos e implementamos as novas ideias.

Por que inovamos? Segundo Peter Drucker, inovamos para nos manter grandes, vivos, saltar perante barreiras antes intransponíveis. Enfim, para nos mantermos no mercado. E esta inovação deve ser calcada no conhecimento, pois ela vai gerar um valor que será o ápice da diferenciação.

Vico Mañas nos ensina que precisamos inovar para fazer coisas que nunca foram feitas, ou seja, temos que despender tempo, criatividade, novas técnicas, novos estudos e investimentos para sermos competitivos e nos mantermos imanentes.

O embarque de nossa viagem com o comandante Tuck se dará na *estação olho*, uma vez que é por meio da visão que percebemos quando o nosso concorrente chegou na frente na venda, como no comércio eletrônico, tal qual a *amazon.com*; ou porque estamos no supermercado e vemos que os consumidores estão levando em seu carrinho o produto do concorrente e não o nosso, que sempre acreditamos ser o melhor.

O comandante Tuck, ao iniciar a viagem, percebe que houve uma reação, identificada pelo aumento de pressão sanguínea e dilatação da pupila. Mas o que terá ocorrido? Por algum motivo, gerou-se um desconforto no *status quo*, onde caberá decidirmos se ignoraremos a situação identificada ou se vamos reagir. Mas como o objetivo desta missão não é ignorar a situação, vamos prosseguir com a nossa viagem.

O nosso transporte SubInov viajou até o *corpo amigdaloide* - área do cérebro em forma de amêndoa, localizada acima da orelha, desencadeia a resposta de luta ou fuga, que faz com que os animais corram do perigo ou se defendam - pois foi lá que os estrategistas da área financeira também passaram a criar os diversos tipos de créditos para empresas e pessoas físicas, para se manter neste mercado volúvel e competitivo. Viajaram por aqui também os gestores da Southwest Airlines - maior linha aérea de baixo custo e considerada uma das mais pontuais do mundo - quando criaram o primeiro programa de fidelidade por viagens realizadas e não por milhagens voadas.

Depois da passagem, mais emocional do que racional, pela amígdala, vamos para o *tálamo* - localizado no centro do cérebro e responsável por filtrar as informações e retransmiti-las com mais potenciais de ação. O intrépido comandante Tuck viu muitos raios no céu, resultantes de várias sinapses, e já percebe um primeiro momento de calmaria no ambiente externo, apesar do *tálamo* ser cheio de encruzilhadas de vias neurais. Foi neste local que os colaboradores da M-Cash se tornaram especialistas em sistemas de autenticações e processamento de pagamento através do aparelho celular, o chamado *mobile payment*, serviço este já utilizado por alguns bancos e estabelecimentos comerciais, onde, num futuro bem próximo, estaremos utilizando esta forma rápida e segura de pagamentos em alimentação, combustível, frota, farmácia e táxi.

Após a travessia turbulenta pelo *tálamo* sinuoso e sináptico, nosso piloto e sua SubInov, reduzidos molecularmente, chegam até o *córtex* - maior parte do cérebro, um pouco mais de ¾ do seu peso, parecido com um acolchoado que envolve o topo e as laterais e é responsável por nossa área motora e nossos sentidos. O comandante Tuck está em um ambiente com paredes fofas e grossas, parece que está dentro de uma esponja de banho. No *córtex*, vamos planejar como será a forma que vamos nos diferenciar, estaremos utilizando todo o nosso combustível para transpor esta rota que, muitas vezes, faz o submarino voltar para o início, devido à grande variedade de caminhos que surgem e, muitas vezes, se fecham por custos elevados; alta burocracia; falta de cultura inovadora na empresa; lideranças despreparadas; projetos sem cronogramas; falta de prioridades; demasiado foco no curto prazo e demais riscos, pois estes são exemplos de alguns entraves das inovações nas empresas.

Ao passar por experiências motoras e sensoriais, e certo atraso no *córtex*, vamos direto para a parte do cérebro onde geramos a hipótese da necessidade de diferenciação. Onde nos lembramos do passado e planejamos o futuro. Onde os neurônios estão estreitamente conectados às chamadas "células da novidade", pois, quando o evento ocorre pela primeira vez, ativa fortemente um destes neurônios. Certamente, quem tinha a responsabilidade pela decisão na HP passou muito por este local, pois, desde a criação do oscilador de áudio, em 1939, até a primeira impressora a *laser*, em 1980, sempre houve uma preocupação em se reinventar, certamente devido à boa utilização do *hipocampo*, local onde se encontra agora o orgulho de todas as naves exploratórias, a nossa SubInov.

Voltemos ao *córtex*. Passaremos pela *alcateia do cérebro*, especificamente no *lobo frontal*, onde planejaremos a tomada de decisão perante o concorrente. Em seguida, nosso transporte vai para o *lobo occipital*, onde Steve Jobs conseguiu materializar vários sonhos e, segundo o seu discurso em 2005 aos formandos de Stanford, após aprender as técnicas de caligrafia na faculdade, pôde colocá-las no primeiro computador Macintosh, isto é, ligou pontos do passado no presente para se criar a empresa mais criativa e inovadora do **mundo**.

Voltamos para o *lobo frontal* e começamos a escrever e falar o que vamos reinventar, criar e de que forma o combustível de nossa SubInov foi utilizado.

A viagem do comandante Tuck e nossa gloriosa SubInov está acabando e estamos voltando para o local onde embarcamos.

Através desta viagem e de suas diversas paradas, constatamos diversos exemplos de inovação e criatividade de empresas que se reinventaram para permanecer vivas.

Assim como os seres vivos necessitam evoluir durante os anos, as empresas também precisam. Pessoas são a força motriz das empresas e responsáveis pela sobrevivência ou a decadência das instituições. Portanto, não deixem nunca de fazer esta viagem que acabamos de realizar, pois ela é o caminho da sobrevivência através dos tempos.

Bibliografia:

AZEVEDO, Francisco Ferreira dos Santos. *Dicionário Analógico da língua Portuguesa – ideias afins/theasaurus*. 2ª Ed. atualizada e revisada. Editora Lexikon, 2010.
Dicionário Etimológico Nova Fronteira. 2º Edição. Ed. Nova Fronteira, 1989.
DRUCKER, Peter Ferdinand. *Inovação e Espírito Empreendedor: Prática e princípios*. São Paulo: Pioneira Thomson. 2002.
FREIBERG, Kevin; FREIBERG, Jackie. *Nuts! – As Soluções Criativas da Southwest Airlines para o sucesso profissional e nos negócios*. 1ª Edição. Editora Manole, 2007.
Revista HSM Nov/Dez 1998
Revista HSM Jul/Ago 2003
Revista Vencer – Nº 58
Revista Venda Mais - Nº 159 e 154
Sandra Aamodt ,Dra.; Sam Wang, Dr. *Bem-vindo ao seu Cérebro*. Cultrix, 2009.

Ser + com Criatividade e Inovação

Ademir Vogel

Ex- aluno do Colégio Militar de Brasília, Administrador, cursando Pós-Graduação em *Marketing* e Cadeia de Valor. Possui 14 anos de Experiência em Empresa Multinacional no Ramo de Alimentos, gestor de Pessoas há mais de 16 anos. Instrutor e desenvolvedor de Equipe de Vendas, gestor de vários Canais de Distribuição no ramo Varejista, tem como rotina todo o trato com Equipe de Vendas e negociações com clientes de todos os portes. Blogueiro com ênfase em atendimento e melhoria das técnicas de venda para Vendedores Profissionais.

Site: www.queroserbematendido.blogspot.com

Anotações

2

Inovação & Criatividade na liderança

Como INOVAR e produzir motivação nas equipes em um mercado de ALTA ROTAÇÃO

Os índices de satisfação interna dos profissionais servem de alerta para as empresas que desejam manter a competitividade em um mercado cada vez mais acirrado e dinâmico. Afinal, ao conhecer a realidade do clima interno, as organizações podem identificar os pontos que contribuem para a satisfação e a desmotivação dos seus profissionais

Dilson Almeida

Ser + com Criatividade e Inovação

Dilson Almeida

A área de Recursos Humanos e Gestão é uma questão de inteligência

A área de Recursos Humanos tem que acompanhar, juntamente com o gestor, qualquer indício de desmotivação em uma equipe, uma vez que se deve neutralizar qualquer indício que leve as pessoas a perderem o interesse por suas atividades e, consequentemente, pela empresa em que atuam. "É bom lembrar que quem deve realmente estar atento a esses princípios de motivação é o líder, pois ele é quem mantém contato direto com todos os talentos que formam sua equipe."

Tenho sido abordado por várias pessoas que dizem que manter índices de satisfação interna positivos é uma constante preocupação das organizações. E que, aparentemente, está cada vez mais difícil estimular as pessoas no ambiente de trabalho. Em minha opinião, o que está difícil de encontrar e manter não são pessoas motivadas e sim um líder inspirador que consiga manter esses profissionais com vontade de trabalhar.

Vamos analisar alguns fatos de extrema importância. Primeiro, para manter um ambiente de trabalho gostoso, é preciso que exista uma preparação diária, ou seja, o líder dessa organização precisa exercitar os desejos dessas pessoas para o "**querer fazer**". Segundo, o que mais encontramos no mercado de trabalho é o oposto do que disse primeiro.

Há empresas que não fazem reuniões para reavivar suas equipes e, sim, promovem-nas para assassinar os desejos de suas equipes. E isso não é mais permitido nesse novo mundo em que vivemos. O ambiente de trabalho saudável e a automotivação do ser humano são exercícios diários, ou seja, iguais à alimentação que consumimos. O que comemos ontem já passou e não serve mais para o dia seguinte. Se quisermos nos manter vivos, é preciso que nos alimentemos novamente. Com a motivação ocorre o mesmo. Só assim será possível manter um ambiente de trabalho atraente e espetacular para se trabalhar.

A ciência da motivação

Neste novo mundo é preciso saber e entender que motivação não é tapinha nas costas ou muito menos premiação no final do mês. **Motivação é uma ciência**. E a verdadeira motivação de que as empresas necessitam hoje é de profissionais que entendam do comportamento humano, para que possam ajudar os demais trabalhadores a se automotivarem. Mas uma coisa é certa: se uma empresa não está indo bem é porque o líder está permitindo. As empresas que conseguem manter equipes motivadas contam com líderes motivados. Ou seja, os gestores tornam-se um exemplo acima de tudo.

Motivação é o combustível rumo à excelência

Enquanto as empresas não acordarem para a nova realidade de que a motivação da equipe é o combustível rumo à excelência, o que vamos mais encontrar no futuro são empresas fechando as portas, simplesmente por falta de **criatividade e inovação** da parte do comandante da organização. Há empresas que não desenvolvem seus profissionais e o pior de tudo é que começam a cortar treinamentos porque acreditam que treinar pessoas não passa de custo.

É aí que começam a ter sérios problemas. Para manter uma equipe com a vontade de fazer sempre o melhor, é preciso oferecer orientações constantes para os profissionais como, por exemplo: promover reuniões para que o espírito motivacional seja reavivado diariamente; estar atento ao acompanhamento do líder e de cada profissional tanto em relação às metas da empresa como também àquelas consideradas individuais. Se não existe este acompanhamento, não há motivação e sim uma empresa desanimada que todos podem perceber. E não se esqueça: **quando os clientes percebem esses sinais, automaticamente param de comprar.**

Liderança inovadora é estar alerta

O líder precisa estar atento aos sintomas de fraqueza da equipe. Quando perceber que a queda emocional desabou, o mais apropriado é chamar um por um e conversar sobre o motivo da insatisfação. Em cima dos resultados provavelmente negativos apresentados, durante a conversação, o gestor deve encontrar uma forma para resolver a questão o mais rápido possível.

Uma vez deparei-me com uma situação igual a esta trabalhando como consultor. A equipe estava travada e tudo que colocávamos de incentivos para os profissionais produzirem e melhorarem a *performance* não surtia os efeitos esperados. Então, entrevistei um por um e detectei que cerca de 90% das pessoas estavam insatisfeitas porque havia um "**colega**" delas que não respeitava os outros e fazia intrigas entre os membros da equipe. Demitimos esse indivíduo e a equipe voltou a produzir.

Como a união conquista o topo

Há muitos líderes que são individualistas, só pensam em si

próprios, mas a boa notícia é que esses **lidersauros** estão com os dias contados. **É bom saber que trabalhos individuais vencem jogos, e quem sabe trabalhar em equipe conquista campeonatos.** É de extrema importância que o gestor de uma empresa atue em conjunto com o departamento de Recursos Humanos, até mesmo para poder ter uma linguagem única sobre o que está acontecendo, e assim chegarem a uma solução positiva. Em qualquer situação dentro de uma empresa, quando estão envolvidas pessoas, é preciso saber trabalhar em equipe. Como diz um ditado popular: "**Uma andorinha só não faz verão**".

Motivando com criatividade

A maioria dos líderes peca quando imagina que todos podem ser motivados da mesma forma. Isto é um grande erro cometido pelas empresas. Enquanto o líder não obtiver essa percepção, continuará errando. Vejamos um exemplo que acontece no dia a dia corporativo. Temos dois profissionais: João e Antônio. João conta com a sua motivação interna e o Antônio precisa de uma externa para superar desafios. Para João sentir-se motivado, precisa apenas receber comandos de desafios que devem ser superados e, assim, a probabilidade dele atingir suas metas aumenta. Enquanto isso, Antônio necessita do acompanhamento de um líder que mostre que conseguirá superar um determinado obstáculo ou executar um trabalho difícil. Ou seja, Antônio precisa receber elogios para se motivar. Costumo afirmar que a motivação é uma ciência.

Treinamento não é um evento e sim um processo

Primeiro porque existe o fator negativo da empresa em acreditar que já treinou suficientemente sua equipe, e isso não é verdade. Treinamento não é um evento esporádico e sim um processo contínuo. Outro fator que leva uma empresa a cometer um pecado mortal é pensar que motivação é obrigação de cada colaborador e pronto. Penso que ninguém tem o poder de motivar o outro, isso é coisa do passado. Eu sou contra esse princípio. Se ninguém tem o poder de motivar o outro, então me responda: o líder tem o poder de **desmotivar** alguém? Quem tem o poder de desmotivar alguém, creio eu que tenha o poder de motivar também. Se o líder usa a criatividade que possui, tem em suas mãos várias oportunidades para motivar sua equipe.

Ser + com Criatividade e Inovação

A importância do acompanhamento contínuo

Muitas organizações entram na zona de risco e outras acabam quebrando, simplesmente porque não fazem um acompanhamento contínuo do clima. Se uma empresa não realizar o acompanhamento das suas equipes, obviamente será uma forte candidata ao fracasso. Não adianta só mostrar o rumo para caminhar. É preciso conferir se os profissionais caminham na direção certa.

Fator que dá resultado em uma liderança

São vários fatores, mas destacaria os seguintes: entrevistar cada membro da equipe e fazer um diagnóstico para saber como está o clima interno; tomar atitudes rápidas a partir deste diagnóstico; promover reuniões para reavivar a equipe, entre 15 e 20 minutos antes de iniciar o trabalho todos os dias; ensinar aos colaboradores como eles podem proceder para alcançar metas pessoais, profissionais e, inclusive, financeiras; e finalmente, ter um líder inspirador que seja parceiro da área de Recursos Humanos.

Dilson Almeida

É diretor presidente do grupo D. A. Cursos & Palestras, empresa especializada em treinamento e desenvolvimento de indivíduos e organizações. Seu objetivo é ajudar o ser humano a atingir suas metas pessoais e empresariais rapidamente e de forma prática. O sucesso dos treinamentos aplicados se justifica pela maneira fácil e cativante como passa conteúdos adquiridos como consultor e empresário.

Autor de vários livros que ajudam o ser humano a chegar ao encontro do sucesso pessoal e profissional. Antes de fundar sua empresa, grupo D. A. Cursos & Palestras, teve uma carreira brilhante como treinador de equipes de grandes empresas como: Honda, Yamaha, Volkswagen, entre outras. Em todas falou sobre desenvolvimento de pessoas para quem era responsável por gerar receitas de milhões de reais. Já ministrou mais de 1.000 palestras e seminários para diversas empresas do Brasil.

Seus diálogos ocorrem em movimento rápido, informativo, agradável e divertido. Personaliza cada palestra para plateias específicas. Apresenta uma série de grandes ideias e estratégias com uma rara combinação de fatos, humor, ideias, energia e conceitos práticos que podem ser aplicados imediatamente para obter os melhores resultados. Coautor do livro *Ser+ Inovador em RH* e *Ser+em PNL* da Editora Ser Mais.

Site: www.grupoda.com.br
E-mail: grupoda@grupo.com.br

Anotações

3

Um sonho humano. O melhor de que somos capazes

"Na vida real, a criatividade e a inovação se fazem imprescindíveis na expressão e realização do nosso potencial indicando a natureza de todos os seres humanos como cocriadores de suas próprias existências."

Elisa Próspero

Elisa Próspero

"Qualquer que seja o propósito último da existência humana de um ponto de vista cósmico, uma coisa é certa: o propósito terreno das pessoas de carne e osso em qualquer lugar do planeta é alcançar a felicidade e fazer o melhor de que são capazes de suas vidas." (Eduardo Gianetti)

Um ponto importante a tratar inicialmente é diferenciar os conceitos de inteligência e criatividade. Enquanto a inteligência pode ser medida pelos testes de Q.I., Quociente Intelectual, visando às habilidades mentais ligadas ao raciocínio lógico, habilidade para cálculos e visão espacial, a criatividade está mais relacionada com a forma como você absorve as informações e as conecta. Então, uma pessoa com alto Q.I. pode não ser a mais criativa.

No mundo corporativo, a criatividade e a inovação passam a ser competências relevantes, valorizadas e muito procuradas nas pessoas, levando-se em conta o atual cenário de criar o novo e fazer diferente, a fim de enfrentar as adversidades e aproveitar as oportunidades.

Na vida real, a criatividade e a inovação se fazem imprescindíveis na expressão e realização das dimensões do nosso potencial – intelectual, emocional, social, físico, familiar, financeiro e espiritual, indicando a natureza de todos os seres humanos como cocriadores de suas próprias existências.

Neste sentido, quanto mais ferramentas para aprimorar o nosso *autoconhecimento e a autoconfiança*, ampliando a percepção de si e do outro, a visão global, a abertura para o novo, a intuição como aliada em tomadas de decisão e a coragem para expressar e realizar, maior será a possibilidade de expandirmos os potenciais de criatividade e inovação. A alegria e o humor são aliados de uma mente relaxada e um coração tranquilo. Expandir esses potenciais nos favorece mais acesso ao sonho de sermos o melhor de que somos capazes e assim sermos mais felizes na vida. Como afirma James Kaufman, diretor do Instituto de Pesquisa do Aprendizado na Universidade do Estado da Califórnia: "Os criativos tendem a ser mais felizes".

Autoconhecimento e autogerenciamento no papel profissional

"Você não pode resolver um problema com o mesmo tipo de pensamento que o criou." - **Albert Einstein**

Na comédia *"Feitiço do Tempo" (Groundhog Day, 1993, EUA)*, um repórter que fala sobre o clima (Bill Murray) é enviado a uma pequena cidade para fazer uma reportagem sobre uma festa local. Ele faz esse serviço há anos e não esconde sua frustração com tal situação. Mas algo mágico acontece: os dias estão se repetindo, sempre que ele acorda no hotel é o mesmo dia da festa. Agora, somente mudando seu estilo e maneira de relacionar-se é que ele terá chance de seguir em frente na vida. Antes disso, claro, ele aproveita a situação a seu favor, mas logo descobre a atenção, o cuidado, a gentileza e até o afeto com sua colega de trabalho, com quem sempre foi mal humorado.

Ser + com Criatividade e Inovação

Assim como as empresas têm na definição de seu planejamento estratégico a clareza de propósito, valores e contribuição, a chave para um exercício de autoconhecimento consciente e eficaz no papel profissional é assumir a gestão da sua própria carreira. Para este exercício, a utilização do seu potencial criativo e inovador poderá ser tanto mais provocado quanto maior for seu empenho em conhecer ferramentas de estratégia e exercícios criativos para o dia a dia.

PARA REFLETIR
1. A profissão dos sonhos quando era criança
2. A que exerce hoje em dia
3. Qualidades pessoais (seus amigos podem ajudar a preencher)
4. Qualidades profissionais (seu gestor, pares e equipe também podem ajudar)

Questões para inspirá-lo no autoconhecimento

– Identifique seus talentos exclusivos – o que gosta de fazer, o que já sabe fazer, o que ainda pretende desenvolver. Depois, relacione o que realiza enquanto expressa seus talentos.

– Pergunte a si mesmo todos os dias: "De que modo posso melhorar? Como posso ampliar meus serviços e entregas? Estou feliz e realizado? O que mais posso aprender e aprimorar?"

– Existem ameaças ou obstáculos a enfrentar? Quais são? Prepare-se em função disso e liste os meios para o enfrentamento.

Como está a estratégia na consolidação de sua carreira e em fazer o melhor de que se é capaz?

1– Manter o foco – objetivos e metas

Depois de definir seu propósito (o que alcançar), forças e fragilidades (talentos expressos e a desenvolver), oportunidades e ameaças, você deve garantir o foco em objetivos e metas – lembrar que um conjunto de metas permite o alcance de um objetivo e a consolidação de resultados. Exemplo:

Objetivo:

Alcançar equilíbrio entre vida pessoal e profissional.
As metas poderão estar relacionadas ao seguinte:
• Estabelecimento de uma agenda diária – para garantir a gestão do tempo planejada e cumprida.
• Decisão sobre as horas de sono necessárias no dia e um cardápio para a alimentação – que devem ser respeitados e cumpridos.
• Definição de horas/dias na semana para atividades físicas, sociais e espirituais – para garantir a integração daquilo que é mais importante para você.

2 – O que é importante para alcançar estes objetivos?

Estabelecer o caminho, identificar aliados e parceiros, definir valores e zelar para que a rota esteja sempre gerenciada.

3 – Como garantir o ato de colocar em prática os objetivos?

O que pode diferenciá-lo como aqueles que obtêm êxito serão justamente as competências de criatividade e inovação, cujo potencial está em fazer diferente diante das dificuldades e oportunizar novas chances e descobertas.

4 – A função controle

Acompanhar e monitorar sistematicamente como está o avanço na continuidade do caminho traçado, ou seja, o quão distante ou próximo dos objetivos e do cumprimento das metas você está. Lembrar da gestão financeira e de como é importante controlar entradas e saídas em termos de recebimentos e pagamentos, além dos investimentos que deseja realizar.

Relaxar a mente e manter o humor

Integrar corpo, mente, emoção e ação, podendo relaxar, descansar e rir é essencial.

Autoconfiança determina sucesso e felicidade

"Seja a mudança que você deseja ver no mundo." - **Gandhi**

No filme *"Apollo 13" (1995, EUA)*, tudo corria perfeitamente bem durante a missão, porém um grave defeito no equipamento coloca em risco a vida dos astronautas. Destacando-se em sua liderança, há um momento em que o diretor de voo Gene Kranz torna famosa a frase: *"Fracasso não é uma opção"*, incentivando a equipe a não desistir diante de tão complexo desafio – trazer os astronautas com vida de volta para a Terra.

Estar consciente de seu propósito, ter clareza do caminho a seguir, identificar aliados e parceiros, prever obstáculos e treinar a musculatura para o enfrentamento de adversidades, bem como gerar espaço para o relaxamento, o lazer e o prazer são passos consistentes para a expressão de nossa criatividade e inovação.

No entanto, este artigo só se completa quando ressaltamos pelo menos três características que, quando bem trabalhadas, favorecem a nossa autoconfiança no caminho da realização e para a contribuição de nossos talentos. São elas: a percepção de si e do outro, a abertura para o novo e a intuição.

No ocidente, há uma predominância em nossa vida acadêmica e profissional de privilegiar a dimensão intelectual em detrimento da dimensão relacional, que abrange a percepção de si mesmo e do outro. Valoriza-se, ainda, muito mais o *debate* do que o *diálogo*, este último objetivando a solução de problemas e a harmonia, como descrito a seguir, segundo definição na *Wikipédia*:

Debate é uma discussão onde as ideias são colocadas, onde se faz prevalecer a sua própria opinião ou se é convencido pelas opiniões opostas. Geralmente debates são longos e raramente se chega a alguma conclusão.

Diálogo (do grego *diálogos*, pelo latim *dialogus*) – 1. Entendimento por meio da palavra, conversação, colóquio, comunicação. 2. Discussão ou troca de ideias, conceitos, opiniões, objetivando a solução de problemas e a harmonia.

Questões para praticar:

1– Você aceita as pessoas como elas são e tem facilidade para exercitar a empatia – capacidade de compreender os referenciais dos outros com seus significados e componentes emocionais, sem nunca perder a conotação "como se"?

2– Aproveita as chances que tem para trocar feedbacks e escutar como as pessoas te percebem?

3– Como lida com a necessidade de defesa de pontos de vista? Sabe a hora certa de abdicar deles, ceder ou revê-los?

Abertura e Visão Sistêmica

"Gênio é 1% inspiração e 99% transpiração" - ***Thomas Edison***

"A física teórica moderna é 10% inspiração e 90% transpiração"
Albert Einstein

A capacidade de compreender o todo, a partir do referencial das partes, pressupõe abertura e disposição para o diálogo, o trabalho em equipe, a troca permanente de ideias e a coragem, assim como a busca contínua por novos conhecimentos, recursos e oportunidades. Precisamos exercitar esta busca continuamente, patrocinando o exercício mental, a memória e a *transpiração* que favorece os *insights* – grandes ideias ou visões.

O resgate da intuição – *uma forma de conhecimento que está dentro de todos nós e que assimila dados além da nossa lógica* – como um poderoso recurso a ser utilizado na expressão de nosso potencial criativo, pode ser associado a todo o conhecimento racional e lógico. Desse modo, são ampliadas as possibilidades de solução de problemas e tomadas de decisão, reunindo inteligência e sabedoria na expressão das inovações.

Assim, favorecemos nossos talentos na jornada contínua da vida, transformando sonhos em possibilidades reais, através das quais expressamos o melhor de que somos capazes.

Carpe Diem! **(Aproveite o dia!)**

Elisa Próspero

Consultora Organizacional, psicóloga, especialista em *coaching* executivo, docente na pós-graduação e MBA da Fundação Armando Álvares Penteado – FAAP/SP e docente na UNIP/SP. Pós-graduada em Administração de Recursos Humanos e Técnica em Administração de Empresas pela FGV-SP. Especialização em Psicologia Social e do Trabalho pela PUC/SP. Formação em programas comportamentais e especializações em abordagens corporais, psicodramáticas e psicoterapêuticas. Estudiosa de filosofia oriental e voluntária em programas de relaxamento, concentração e meditação na Fundação Lama Gangchen para a Cultura de Paz. *Master* na coordenação e realização de eventos, palestras e programas de desenvolvimento organizacional. Credenciada no Frameworks Coaching Process, pela Innerlinks Associates, EUA. Facilitadora licenciada em Biodanza – Sistema Rolando Toro de Desenvolvimento Humano e especializada em Educação Biocêntrica para organizações. Nos últimos vinte anos vem atuando com organizações bem-sucedidas e já ministrou programas de gestão e liderança, abrangendo mais de 35.000 profissionais. Coautora no livro *Ser+com Coaching*.

Site: www.elisaprospero.com.br
E-mail: eprospero@terra.com.br
Telefone: (11) 9622-7157

Anotações

4

Redescubra seus talentos

Quando pensamos em genialidade, temos a impressão de que apenas alguns abençoados foram tocados pelo talento divino, porém, com pequenas mudanças na rotina diária, novas habilidades podem ser desenvolvidas

Fernando Oliveira

Ser + com Criatividade e Inovação

Fernando Oliveira

1760! Aos quatro anos de idade, o pequeno Wolfgang toca seu violino e compõe minuetos e pequenas peças que emocionam os adultos, surpresos com a genialidade de suas criações. Aos 12 anos, já era considerado um compositor de altíssima qualidade e seu gênio aumentou cada vez mais nos anos seguintes. Durante sua breve passagem por esse mundo, o compositor austríaco Wolfgang Amadeus Mozart criou 41 sinfonias; 24 óperas, entre elas, "As Bodas de Fígaro" e "Don Giovanni"; 27 concertos para piano; 5 para violino; 4 para trompas; 1 para flauta; 1 para oboé; 1 para clarineta; 1 para fagote; 1 sinfonia concertante para violino, viola e orquestra; sinfonia concertante para quatro instrumentos de sopro e orquestra; 1 concerto para dois pianos; 1 para três pianos; 1 para flauta e harpa; concertone para dois violinos; 17 divertimentos, 13 serenatas, mais de 100 minuetos, gavotas, marchas e outras peças para dança.

Quando pensamos na genialidade dele, temos a impressão de que apenas alguns abençoados foram tocados pelo talento divino. Mas temos bases concretas para não acreditar nisso! O dicionário Houaiss diz que talento é uma *"aptidão, capacidade inata ou adquirida"*. Existem pessoas com competências natas, como foi o caso de Mozart, mas se uma habilidade pode ser adquirida, também pode ser aprendida e qualquer pessoa com vontade pode desenvolver seu talento, seja ele qual for.

Voltemos para o século XXI. Se pararmos para pensar, perceberemos que estamos na melhor época para se viver. Apesar de todos os desafios que temos enfrentado, como o efeito estufa e as crises financeiras, vejo o mundo globalizado de forma positiva. A globalização tem ajudado o mundo a se modernizar de forma cada vez mais dinâmica e as inovações tecnológicas têm contribuído na melhoria do aprendizado, da comunicação e da qualidade de vida. Hoje temos acesso a uma infinidade de informações fazendo apenas uma busca na *internet*. Máquinas cada vez mais inteligentes têm substituído o trabalho braçal e chegará o dia em que substituirá o intelectual. O que isso significa? Que agora, mais do que nunca, precisamos despertar nossos melhores talentos.

As exigências do mercado corporativo estão cada vez mais altas e a falta de talentos inovadores tem sido a principal dor de cabeça dos empresários ao redor do mundo. Como ser diferente em um mundo de iguais e que oferece respostas prontas para quase tudo? A alternativa mais inteligente é que você tome a decisão de redescobrir seus talentos adormecidos, aqueles que tinha quando era criança, antes de ter "os freios" que acabaram determinando as crenças do que é e do que não é possível mudar.

Ser + com Criatividade e Inovação

Precisamos urgentemente aprender a *"desaprender"*. Jogar o "lixo fora" e ter a coragem necessária para abandonar as informações e as experiências que só ocupam espaço em nossa mente e não oferecem os resultados que precisamos. É fundamental mudar a crença de que existem apenas alguns gênios afortunados e ter a consciência de que todos nós somos capazes de realizar muito mais do que acreditamos – você também pode brilhar na área que quiser, basta ter disposição e coragem para voltar a ser criança e começar a olhar tudo como se fosse a primeira vez, sem medo do que possam pensar a seu respeito.

As pessoas criativas são curiosas e questionadoras por natureza. Elas estão sempre se questionando sobre como podem fazer diferente. Se você sente a necessidade de se reinventar, exercite seu talento para fazer perguntas, como na época em que era criança e estava começando a descobrir o mundo à sua volta. Faça perguntas do tipo: *"Por que isso funciona dessa forma?"*, *"Como posso fazer do meu jeito?"*, *"Qual a outra maneira de fazer?"*. O segredo para obter novas respostas é aprender a fazer novas perguntas. A criatividade é a mistura de informação, curiosidade e disposição para correr riscos. Sem isso, o talento e a criatividade começam a dar lugar a atitudes repetitivas, sem brilho e sem emoção.

Aprenda a transformar talento em resultados

Os brasileiros são reconhecidos como um dos povos mais criativos e alegres do mundo. Temos jogo de cintura como nenhum outro povo. A maioria não faz ideia de quem foi Mozart, mas sabe muito bem "se virar nos 30" para sobreviver às dificuldades da vida. É muito provável que você conheça algum poeta de bar, malabarista de semáforo, animador de festa infantil ou cantor de chuveiro que dá um jeito de exercitar seus talentos para garantir o pão de cada dia. No mundo corporativo, vemos líderes com extrema capacidade de empatia, profissionais competentes e inventivos que estão sempre fazendo pequenas melhorias em seus processos diários. Isso é talento! Esses são nossos Mozarts, Beethovens e Shakespeares. É preciso exercitar o talento diariamente para que gere resultados excelentes em nossas vidas. Se você refletir sobre si mesmo, vai reconhecer que sabe fazer alguma coisa que ninguém mais sabe e esse é o seu talento. É nisso que você pode, e por que não dizer, deve investir seu tempo e energia. A escassez de talento ocasionada pelo mundo moderno não significa que ele não exista. A estátua de Davi era apenas um bloco de Mármore de Carrara quando chegou às mãos de Michelangelo e seu talento e visão criaram uma das obras de arte mais reconhecidas da humanidade. Você também pode, começando por si mesmo. Primeiro tendo consciência do magnífico diamante que habita dentro de você para, em seguida, entrar em ação para transformar "a pedra bruta" em uma grandiosa obra de arte.

Todos nós nascemos para brilhar, para sermos os artistas principais da nossa própria história. E você? Como pode transformar seu talento único em resultados gratificantes? Se você acredita que é responsável por seu destino e por aquilo que faz em sua vida, siga em frente. Se não acredita que seu talento pode fazer a diferença nesse mundo, eu sugiro que você pense qual é a crença que o impede de ser e fazer mais. A única coisa que nos diferencia, por enquanto, dos supercomputadores, é a nossa capacidade para pensar e de usar nossa criatividade para tornar o mundo um pouco melhor.

Desperte sua criatividade

Em primeiro lugar é preciso que você já tenha tomado consciência de que é uma pessoa criativa e, mesmo que nesse momento não se sinta dotada desse atributo, pode desenvolver sua criatividade treinando seu cérebro para pensar criativamente – comece fazendo coisas diferentes. Nosso cérebro gosta de "economizar energia" e, por isso, cria um sistema que torna a vida mais prática, mas ao mesmo tempo menos criativa. Mude alguns de seus hábitos, saia mais cedo ou mais tarde de casa, mude o trajeto que faz para o trabalho, evite o elevador pelo menos uma vez por semana. Pare na banca mais próxima e compre uma revista que não compraria e leia. Ouça um CD com um estilo de música a que não está habituado. Mudando algumas rotinas, você acaba desenvolvendo áreas do cérebro que não estão acostumadas. Ofereça novidades para o seu cérebro. Com simples, mas frequentes estímulos, você fará brotar novas ideias.

Redescubra aquela curiosidade natural de quando era criança. Muitos adultos, infelizmente, passaram a acreditar que não são criativos, justamente porque foram para a Universidade, aprenderam uma série de coisas e simplesmente pararam de fazer perguntas. Crie o hábito de fazer perguntas, mesmo que seja para você mesmo. As perguntas que ajudam você a solucionar problemas sempre começam com a palavra COMO ou O QUÊ: "*Como* posso resolver isso?", "O *que* posso fazer para melhorar meu desempenho?", "Como posso inventar algo novo?" Os artistas, cientistas e crianças estão sempre pesquisando, se questionando e aprendendo sobre como podem ter a resposta que desejam.

Reserve um período do seu dia para pensar. Muitos usam

Ser + com Criatividade e Inovação

a desculpa de que não têm tempo e que o estresse os impedem de pensar livremente. Aproveite os pequenos horários livres para pensar, como na hora do banho, antes de dormir, na hora em que acorda... esse hábito pode levá-lo a ter *insights* que podem ajudá-lo a resolver vários problemas e tornar sua vida mais criativa e inovadora. Comece agora mesmo! Reserve pelo menos os cinco próximos minutos e reflita sobre as grandiosas possibilidades que estão à sua disposição. Você precisa apenas dar o primeiro passo!
Forte abraço!

Fernando Oliveira

É hoje considerado um dos palestrantes mais dinâmicos, criativos e versáteis da atualidade. Ator, palestrante e escritor, tomou como missão de vida inspirar as pessoas a darem o melhor de si, aguçando o poder da alta *performance* por intermédio de suas palestras, livros e DVDs. Seu objetivo é fazer com que o público alcance resultados extraordinários e sustentáveis na vida pessoal e profissional. Com formação em *Master Practitioner* e *Trainer* em Programação Neurolinguística, *coach* com certificação internacional pela Sociedade Latino Americana de Coaching e Certificação internacional em *Coaching* Executivo pela John Seymour Associates – Inglaterra. Foi treinado diretamente por Anthony Robbins, maior especialista do mundo em *coaching*, treinamento e psicologia de alta *performance* na Robbins Research International – Califórnia -EUA. Com mais de 18 anos de experiência na área de eventos corporativos, ministrando palestras, dando treinamentos ou atendimentos de *coaching*, já atendeu centenas de empresas nacionais e multinacionais, falando ao vivo para um público superior a um milhão de pessoas. Autor dos livros *Atitude de Vencedor* (Ed. Scortecci) e *Liberte Seu Poder Pessoal*, DVDs *Super Vendedor* – Volumes I e II, (Ed. Qualidade de vida), *O Poder do Entusiasmo* e *Conquistando Objetivos*. É um contínuo estudioso sobre o comportamento humano e especialista nas áreas de Motivação, Vendas, Liderança, Alta *Performance* e Criatividade.

Site: www.fernandooliveira.com.br

Anotações

5

A vida é criativa

É necessário aprender a compreender o seu próprio cotidiano, entender que viver bem é aproveitar cada oportunidade, estar sempre de prontidão para enfrentar os desafios que surgem naturalmente em todas as fases. Revestir-se de coragem para escrever nossa própria história com a criatividade que se manifesta, principalmente, nos momentos de dificuldades

Gilmara Gonçalves

Ser + com Criatividade e Inovação

Gilmara Gonçalves

No decorrer dos capítulos veremos belíssimos conceitos sobre a palavra criatividade, a partir disso quero tomar a liberdade para fundamentar este artigo em algo que, tanto eu como você, adquirimos com o passar dos anos: as nossas experiências.

A criatividade é parte integral da nossa vida e desde muito cedo tive que vivê-la em essência. Minha família é do Nordeste brasileiro, meu pai veio para São Paulo, deixando minha mãe e mais quatro irmãs na Bahia sob os cuidados de Deus, para mais tarde ir buscá-las. Ele foi o exemplo mais forte que trago comigo de persistência. Autodidata, nordestino, trabalhador, "cabra macho" e consciente dos seus direitos e deveres, seguiu persistindo pelas estradas da discriminação. Lutou incansavelmente, desde cedo, para que todas nós tivéssemos o exemplo vivo dos valores que regem a vida das pessoas de bem: honestidade, solidariedade e trabalho.

Nasci após um ano na cidade de São Paulo e fiquei internada por quarenta dias, com anemia profunda. Fazendo um traslado rotineiro do hospital para casa, de casa para o hospital, e de acordo com o testemunho de minha mãe, a partir desta data já podia me considerar uma pessoa vencedora.

Na infância novos desafios pareciam intermináveis. Aos seis anos, o presente que esperava para o mês do meu aniversário foi trocado por uma notícia de que meu pai havia sofrido um derrame cerebral. Os médicos o desenganaram, mas com muita força de vontade conseguiu andar novamente e ficou com um lado do corpo paralisado, de modo que não mais podia exercer sua profissão de motorista, passando a exercer um novo ofício de fotógrafo no bairro. E assim as dificuldades aumentaram e passamos pela fase mais difícil das nossas vidas.

Aqui começa a minha experiência mais árdua com a criatividade na pobreza. A fome era nossa companheira e não tendo o que comer, criamos alternativas para enganá-la. Ora, com comidas que hoje as crianças jogam na lata do lixo, denominando-as de restos e em outros momentos apenas bebendo água com açúcar. Minha mãe, às vezes, nos dizia: "Dorme que a fome passa!". Entretanto, era difícil dormirmos e soltávamos nossa imaginação com estórias e expectativas de uma vida melhor, até adormecermos.

Minha mãe era bem simples, pouco estudo, mas com muita sabedoria. Certa vez, ao levar-nos para pesagem mensal do programa de assistência às famílias carentes, ela foi surpreendida pela suspensão de uma das cestas básicas porque minha irmã havia engordado. Quando chegou minha vez, vi nos olhos de minha mãe o desespero que aos poucos foi desaparecendo ao verificar que eu ainda permanecia dentro da faixa limite, de modo que ainda receberia o benefício. Sua criatividade foi além das expectativas, pois agora, com apenas uma cesta básica deveria ser criativa suficientemente para alimentar a todos. E controlou o meu peso para baixo, ou seja, me alimentou de forma que ficasse bem de saúde e comesse alimentos ou bebidas que não me fizessem engordar excessivamente.

Como você pode ver, até aqui minha infância foi permeada de criatividade gerada a partir das dificuldades. E as demais fases: adolescência, juventude e vida adulta não foram diferentes, como acredito que também sua vida não foi fácil na busca pelo primeiro emprego, competição no trabalho, desemprego, falta de dinheiro, educação dos filhos, relacionamento conjugal, entre outras.

Em resumo, posso destacar quatro pontos básicos para um processo criativo, que nortearam e, com certeza, vão continuar presentes no decorrer dos nossos próximos anos. São eles: a concentração, a imaginação, a ação e a persistência.

– Concentração:

A frase "Querer é poder" é verdadeira? Não posso apontar este conceito e dizer que é o caminho correto, mas aprendi que ter foco é um dos pilares da criatividade. Quando você sabe o que quer, aumentam as chances de conseguir resultados positivos. Alguns poderiam até pensar: *"Mas a criatividade surge do ócio, do não fazer nada"*, é lógico que não nego tal fato, e falaremos desse ponto no próximo item, entretanto não é a regra.

Diversas vezes, quando nos deparamos com um grande problema ou estamos na busca de soluções, ficamos tão concentrados para não nos perdemos no emaranhado de tarefas do nosso cotidiano, e de repente num piscar de olhos a satisfação surge num grande sorriso de descoberta. Plenamente gratificados, e com alívio dizemos "Encontrei a solução!".

– Imaginação:

Mentes extremamente ocupadas não produzem bem. Nervosismo, *stress*, preocupação exagerada e prazos inexequíveis consomem nossa energia. Querer resolver todos os nossos problemas de uma só vez atrapalha o processo de criatividade.

Você se lembra daquela sensação de quando pensamos em algo e na hora em que vamos falar esquecemos? E quando tentamos lembrar do assunto ele vai se afastando. Até que em outro momento,

num local diferente, com outras pessoas a ideia reaparece na mente.
O foco é importante, mas a criatividade não virá sempre quando quisermos que ela apareça. Às vezes, será na hora do devaneio, do não fazer nada que vão surgir as melhores ideias.
Por isso, como dizem algumas canções, "dê asas à sua imaginação". Algumas dicas são fundamentais para este processo, como por exemplo, ser uma pessoa observadora, gostar de se comunicar, ter vários amigos, ler livros de vários autores, navegar na *internet*, viajar sempre que possível; enfim, mudar rotinas, quebrar paradigmas, abrir-se ao novo.

– Ação:

É hora de começar! Dê seus primeiros passos para chegar ao fim do caminho. Conhecemos pessoas criativas, mas que na hora da ação simplesmente travam como programas de computador. Não saem do campo dos sonhos, pensamentos e planejamentos.
Se tem uma boa ideia e não consegue tirá-la do papel, não fechará o processo de criatividade. Ou, na pior das hipóteses e mais frustrante, verá sua ideia fantástica sendo implementada por outras pessoas, porque não rompeu a tênue barreira do plano para a ação.

– Persistência

Após as etapas de criação e ação, o fator determinante é a persistência. Em outras palavras, não desistir, ter fé, recomeçar e acreditar. Quem disse que a vida seria um mar de rosas? Cair é normal, o problema é não se levantar. Vamos lá? Cabeça erguida. Tentou fazer algo que parecia ser a melhor ideia do mundo e deu errado, paciência, tente de novo. Na história tivemos casos de pessoas que tiveram a concentração no que desejavam; imaginaram seus inventos, produtos ou serviços; tiraram do papel ou do campo mental suas maravilhosas ideias, todavia no primeiro obstáculo foram para dentro de uma caverna e de lá nunca mais saíram. Mergulharam no mar do esquecimento.
Você tem duas opções, o máximo que pode acontecer é errar ou acertar.
Pense que o erro faz parte do processo de criatividade. É melhor no futuro se arrepender por ter tentado e errado do que carregar o fardo do "se eu tivesse tentado novamente...".

Ser + com Criatividade e Inovação

Gilmara Gonçalves

Jornalista. Pós-graduada em Cultura e Meios de Comunicação PUC/SP SEPAC. Palestrante da área de Motivação e Comunicação Pessoal para empresas em todo o Brasil.
Escritora, alcançando a 2ª edição do "Se ainda houver tempo - O Diário do Protelador", livro dedicado a ajudar as pessoas que deixam as coisas para depois. Atualmente exerce o mandato de vereadora na cidade de Carapicuíba-SP. Sua principal palestra motivacional "A importância da comunicação pessoal para o sucesso e felicidade" tem sido destaque em todos os eventos realizados e elogiada por todos os funcionários que atuam nas áreas de vendas, atendimento a clientes e educação.

Sites: www.gilmara.com.br / www.seaindahouvertempo.com.br

Anotações

6

"Às margens do lugar comum"

Criatividade e inovação derivam de otimismo e atitude. É preciso decidir e fazer

Guilherme Moscardi

Ser + com Criatividade e Inovação

Guilherme Moscardi

Ser criativo passa, antes de qualquer lugar, à margem do lugar comum. É da natureza do homem buscar novos caminhos, explorar e descobrir. O descobrir no sentido pleno, de tirar a cobertura, tirar a coberta, é algo que nos torna realmente humanos. Diferentemente dos animais que vivem conforme sua natureza, que modificam seu comportamento em função do ambiente, nós, humanos, modificamos a forma como interagimos com o próprio ambiente.

Desde o ato de escrever nas pedras, utilizar o carvão para a escrita, criar as tintas derivadas de plantas, usá-las com pena nos pergaminhos, até a criação do papel foram formas de modificar o meio. Depois vieram as canetas tinteiros, as esferográficas, as máquinas de escrever. Daí para o corretivo automático, o computador que pode apagar o parágrafo todo e a caneta que escaneia a palavra em um idioma e pronuncia num outro selecionado, os quais são apenas alguns exemplos de inovação sobre a ótica da comunicação humana.

Sobre comunicação, poderíamos seguir com outra linha de inovações e criações e começar com a pergunta: como os mensageiros falavam? Como eram as mensagens, as cartas escritas, os sistemas de correios até chegar aos *e-mails* (correios eletrônicos)? Longos caminhos foram percorridos e alguns outros em determinado momento da história se cruzaram, se encontraram ou se sobrepuseram. A união dos correios com o telefone pode ser considerada como o início da *internet*.

E além desta característica genuinamente dinâmica do ser humano, podemos mencionar outra que é o otimismo. Esta disposição do ser para ver as coisas por um lado bom, de esperar uma solução favorável a uma situação, mesmo para as mais difíceis, nos motiva a modificar, inventar e construir, a transformar o nada em alguma coisa ou algo maior do que antes.

Quando pensamos em criação ou em inovação, normalmente pensamos em futuro, em modernidade. Defendo que precisamos reconstruir esta nossa percepção e retomar suas bases. Entender que este é um fenômeno inerente ao ser humano e que mesmo sem pensar ou termos dedicado atenção para perceber nossas criações ou invenções nós já as fizemos em algum momento da vida, como por exemplo, modificar a decoração da casa com um adereço que não seria propriamente destinado para ser usado como objeto de decoração ou utilizar uma ferramenta diferente da função para qual é destinada na falta de uma mais apropriada. Com o objetivo de solucionarmos uma determinada situação, fazendo isto estamos inovando e/ou mesmo criando alguma coisa. Se reconhecermos a criação e a inovação como uma particularidade do ser humano, podemos pensar no tempo como uma linha onde há um ponto de conexão entre passado e futuro.

Ser + com Criatividade e Inovação

passado — presente — futuro

Mesmo para efeito didático poderíamos pensar em um modelo de animação mais próximo do cotidiano de todos nós:

passado — presente — futuro

Como a criação é algo realmente humano, podemos definir um modelo pedagógico ainda mais consciente e representativo como o modelo 3:

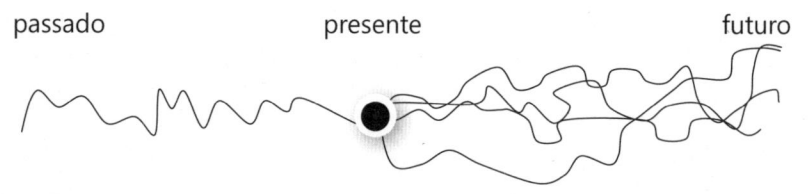

passado — presente — futuro

Tomarei emprestado de Viktor E. Frankl o pensamento de que "cada homem, em cada situação da vida, conta com um caminho único, pelo qual pode chegar à realização das suas mais peculiares possibilidades" (^{1}). Sob este enfoque compartilho o entendimento de termos no futuro infinitas possibilidades, mas de que ao mesmo tempo e com a mesma relevância precisamos escolher qual delas concretizaremos, qual delas criaremos, qual tiraremos do nada e daremos forma, alimentaremos e fortaleceremos.

Um exemplo de humanidade e materialização de uma possibilidade: Walt Disney ter feito de um animal que causa repulsa em grande parcela da população mundial um dos seus personagens mais famosos. Além do próprio Mickey Mouse, ele foi um grande incentivador da criatividade e entre os tantos pensamentos que deixou estão:
– "Criatividade é como ginástica, quanto mais se exercita mais forte fica."
– "Você erra 100% dos chutes que não dá."
– "Se você pode sonhar, também pode fazer."
– "Para começar, pare de falar e comece a fazer."

Entre muitas outras frases inspiradoras deixadas por ele, também permeadas por uma dose muito forte de otimismo, que como exposto anteriormente, considero elemento impulsionador da criatividade. Albert Szent-Gyorgyi disse que "descobrir consiste em olhar as mesmas coisas que todos olham e pensar algo diferente". E Viktor

E. Frankl nos liberta e nos encoraja com seu pensamento sobre "... as mais peculiares possibilidades..." e nos atribui responsabilidade por fazer e encontrarmos nossas capacidades criativas e inovadoras quando argumenta que "ninguém tem o direito de apelar a sua própria insuficiência, portanto, ninguém tem o direito de menosprezar as suas próprias possibilidades interiores" (²).

Precisamos então atuar no "ponto presente", havendo uma definição das possibilidades de criação ou inovação, começar de algum jeito, passando da fase da descoberta para a efetiva produção, onde alimentamos e damos forma, sustentação, e por fim levamos a criação ao ponto de poder ser desenvolvida por pessoas que até então se encontravam apartadas do processo inicial. Como o caminho do instante da criação ao ponto onde podemos compartilhar com outros a responsabilidade por desenvolver demanda tempo e energia, criamos um segundo ponto na linha do tempo.

passado   presente   futuro

Novamente no tempo presente poderemos escolher criar o "Pato Donald ou melhorar o Mickey Mouse".

A linha do tempo de uma única pessoa é repleta de pontos que marcam sua história. Cientes de que todos temos possibilidades interiores, resta-nos decidir realizar. Ainda que Walt Disney ou Soichiro Honda tenham fracassado algumas vezes antes de transformarem seus nomes em marcas, cada um com seu otimismo e perseverança, acumularam alguns insucessos até que suas criações tomassem as dimensões que conseguiram atingir.

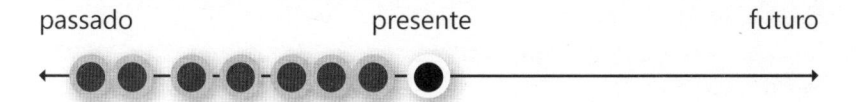

passado   presente   futuro

Por fim, criatividade e inovação derivam de otimismo e atitude. É preciso decidir e fazer. A expressão "ver para crer", que tem origem em uma passagem bíblica onde um dos discípulos de Jesus declara que precisaria ver seu corpo para acreditar em sua ressurreição, deve ser desconsiderada para criar e inovar. Deve-se partir da premissa "crer para ver".

Defendo que para sermos criativos devemos caminhar à margem do lugar comum. Isto pode fazer toda a diferença.

O caminho não escolhido

Num bosque amarelo dois caminhos se separavam,
E lamentando não poder seguir os dois
E sendo apenas um viajante, fiquei muito tempo parado
E olhei pra um deles tão distante quanto pude
Até que se perdia na mata;
Então segui o outro, como sendo mais merecedor.
E vendo talvez melhor direito.
Porque coberto de mato e querendo uso
Embora os que passaram por lá
Os tenham percorrido de igual forma,
E ambos ficaram essa manhã
Com folhas que passo nenhum pisou.

Oh, guardei o primeiro para outro dia!
Embora sabendo como um caminho leva para longe,
Duvidasse que algum dia voltasse novamente.

Direi isso suspirando
Em algum lugar, daqui a muito e muito tempo:
Dois caminhos se separaram em um bosque e eu...

Eu escolhi o menos percorrido
E isso fez toda a diferença.

Robert Frost, 1916

1 – Psicoterapia e Sentido da Vida - Viktor E. Frankl, página 92, parágrafo 2;
2 – Psicoterapia e Sentido da Vida - Viktor E. Frankl, página 92, parágrafo 4;

Guilherme Moscardi

Graduado em Educação Física pela UNIVAP (Universidade do Vale do Paraíba); MBA em Gestão empresarial – FGV; MBA – Seminars – Rockford College; Docência no ensino superior – FGV. Fez a gestão do departamento de atividades aquáticas da Companhia Athletica e dos departamentos aquático e infantil das duas unidades da Reebok Sports Club Brasil. Foi palestrante da 7ª e 9ª IHRSA, Fitness Brasil Norte e Nordeste 2009 e Fitness Brasil Santos 2011. Consultor coligado Provider Solution, membro do módulo – escola de coordenadores Fitness Mais 2006/2007/2008/2009:2011. Sócio da Esistere - empresa que desenvolve o potencial humano nas empresas.

Site: www.esistere.com.br
E-mails: guimosmon@yahoo.com.br / guilherme@esistere.com.br

Anotações

7

Criatividade nos relacionamentos

Para cada novo amigo, abra uma conta *Premium*

Inácia Soares

Ser + com Criatividade e Inovação

Inácia Soares

Fala-se muito em criatividade no desenvolvimento de produtos, no *marketing* e até na gestão dos negócios, mas quantos textos você já leu sobre criatividade nos relacionamentos? E não me refiro a *Kama Sutra* e seus derivados. Entra geração, sai geração, nosso esforço ainda é pequeno nesse assunto. Independentemente da nossa idade ou de nossas crenças, posso apostar que costumamos ter a mesma expectativa: estar rodeado de pessoas legais! Volto um pouco no tempo e me lembro de um dos encontros anuais de confraternização organizado por uma das empresas onde trabalhei. Faça o mesmo e congele o exato instante em que você também chegou à entrada daquele restaurante, já lotado para o almoço, e lançou aquele olhar 360°, varrendo o salão de canto a canto. Em seguida, caminhou na direção daquele grupo de pessoas que, ao longo do ano, causou dificuldades lá na empresa. Vai direto conversar com aquele colega que acha bem chato ou vai, afoito, à mesa onde está o chefe, aquele de quem se fala mal o ano inteiro? Foi assim que aconteceu com você? Comigo também não, pelo contrário. Depois de dar uma boa olhada no salão, caminhei em direção à mesa onde estavam meus colegas mais queridos, aqueles ao lado de quem, eu tinha certeza, aquele almoço seria menos chato.

Por que fazemos isso? Por que nós, simplesmente, não entramos e vamos interagir com o grupo mais próximo? Simplesmente, porque queremos estar próximos de pessoas que gostam de nós. E quem são elas? As que nos tratam bem, que sorriem para nós, que se interessam pelas nossas histórias... Penso que nossos amigos nos acostumam muito mal. Gostamos tanto de ser gostados que nos acomodamos nessas relações fáceis. Ficamos achando que tudo o que não se encaixa nesse conceito de bem-estar e prazer, está errado e deve ser evitado.

Desde criança essas diferenças de relacionamentos me chamam a atenção. Eu achava curioso ver uma mesma pessoa ser elogiada por um adulto e criticada por outro e não entendia como alguém podia ser duas coisas tão diferentes ao mesmo tempo. Mais tarde eu aprendi que somos nós quem colocamos sentido nas coisas. Também somos nós que colocamos significado nas pessoas. Assim como um bife à milanesa pode dar água na boca de uma pessoa e não despertar nenhuma fome em outra, uma mesma pessoa pode ser admirada ou vista com indiferença. O mérito de ser admirado é de quem recebe a admiração ou de quem dá? Eu vou contra a maioria e penso que o grande mérito está em ser capaz de admirar as pessoas, inclusive aquelas aparentemente nada admiráveis.

Dentro das empresas temos muitas chances de exercitar nos-

Ser + com Criatividade e Inovação

sa capacidade de nos relacionarmos com as diferenças. É raro uma equipe se formar mantendo a igualdade de ideias e opiniões. Mas estamos sempre sonhando com o dia em que aquele cara chato vai ser transferido da equipe para uma filial bem longe.

Só sei que, entra geração, sai geração e insistimos no mesmo comportamento: restringir nosso círculo de amizades, mantendo-o sobre controle rigoroso. Se o ambiente em questão for a empresa, aí nos apegamos ainda mais aos amigos de primeira hora.

Se consegui manter a sua atenção até aqui, está em boa hora compartilhar com você duas sugestões para que passe a buscar a criatividade em seus relacionamentos. A primeira delas é: seja mais criativo ao encontrar explicações para as esquisitices dos outros, aceitando que as pessoas são complexas. Todos os seres humanos, assim como você, são imprevisíveis. Se o outro é, nem pense em riscar o seu nome dessa lista. Somos farinha do mesmo saco.

Mas o que isso significa? Que você precisa parar de esperar pela continuidade, pura e simples. Ou seja, dê às pessoas o direito de um dia estarem pelo pé, em outro pela cabeça. Todos somos assim... Um dia temos mais paciência com determinado assunto, em outro, nenhuma. Um dia cumprimentamos a recepcionista com um sorriso largo, no outro, mal emitimos um bom dia choco. Um dia estamos a fim de correr riscos, assumir novos projetos e no outro, começamos a achar que a aposentadoria é a solução de todos os nossos problemas, ou pelo menos, a troca de emprego. E você vai exercer a sua criatividade encontrando explicações diferentes para cada situação que aparecer à sua frente. Sim, porque precisamos de explicação para tudo o que nos acontece. É uma necessidade humana... E na falta de criatividade, simplesmente taxamos o indivíduo de chato, de mala se alça, de arrogante, implicante etc. Ah, mas somos muito mais do que uma coisa só! Sendo criativo, você impedirá que sua mente cristalize uma impressão sobre algum colega, chefe ou cliente, e seus relacionamentos serão mais simpáticos e produtivos. Quer um exemplo? Se você cumprimentou seu colega, mas ele fez uma cara de poucos amigos, antes que decida – numa fração de segundos, que aquele foi o último cumprimento – pense com seus botões: coitado do meu amigo, não dormiu bem à noite.

A segunda dica é: seja mais criativo e personalize sua comunicação. Tenho um amigo que me cumprimenta com um sonoro "viva, Inácia". E isso acontece em qualquer lugar que nos encontramos: da sala do escritório dele a um saguão de aeroporto lotado. Imagine a minha alegria quando uma pessoa deixa transparecer que o dia dela ficou melhor, simplesmente, porque ela me encontrou? Poxa vida, é muito poder para uma pessoa só... E como gostamos de ser exclusivos, de ser únicos! Devíamos abrir uma conta *Premium* para cada pessoa que conhecemos. Seria um sucesso!

Talvez você possa estar pensando que estaria tudo muito bem, se este artigo fosse o roteiro de um capítulo de novela, onde tudo é possível realizar, basta que o autor escreva. "Nas empresas", fico aqui pensando que você me diria, se pudesse, "as coisas não funcionam assim. A situação é muito mais complicada, Inácia. Primeiro, somos pagos para trabalhar, não para fazer amigos. Além do mais, quando nos aproximamos muito das pessoas e aumentamos a intimidade, isso nos gera algumas dificuldades, como pegar pesado quando essa pessoa erra ou simplesmente dizer a ela que errou sem ofendê-la". Muito lógica a sua colocação. E verdadeira também. Mas tem outro lado...

Quem disse que ser sincero, objetivo e ter resultados a alcançar, nos impede de sermos educados e gentis? Essa é mais uma das falácias corporativas que veio no mesmo pacote daquela de uns 20 anos atrás, que também pregava que devíamos deixar nossos sentimentos da porta pra fora das empresas. Ora, se os meus sentimentos integram a melhor parte de mim, aquela que me torna única, exclusiva, *premium*, por que vou abrir mão deles justamente quando esperam que eu seja mais única, exclusiva e *premium*?

Concordo que é mais fácil fingir que damos conta de fazer isso e que os outros estão fazendo isso também. Mas é uma inverdade. Por falta de competência emocional, fingimos que não sentimos nossas raivas e aflições. Fingimos que não desejamos alguns prazeres e harmonia ao nosso redor. Quando vestimos a couraça corporativa, até damos conta do tranco. Mas quando chegamos ao final do expediente simplesmente a jogamos pro lado, aliviados, e voltamos a lamentar ter que pegá-la novamente quando estamos no trânsito a caminho do trabalho, no dia seguinte.

Faz sentido isso? Ainda faz. Mas que bom seria se passasse a ser insano ter relacionamentos falsos na empresa. Que bom seria se fôssemos mais criativos em nossos relacionamentos interpessoais com colegas, chefes, clientes e fornecedores... Desejar se aproximar da outra pessoa – de qualquer pessoa, entendendo que ela é a sua melhor fonte de emoções, depois de você mesmo e de suas percepções e experiências, mudaria o mundo.

O ex-ministro da Cultura Gilberto Gil disse que a hipocrisia é uma ferramenta da civilidade. Tem sido assim, certamente. É mais fácil darmos um sorriso falso a uma pessoa para quem ainda não conseguimos ter uma ideia criativa de relacionamento, do que caprichar na forma e na intenção ao nos aproximarmos dela, dia após dia.

Ser + com Criatividade e Inovação

Sempre será mais fácil chamarmos o outro de chato, de arrogante, do que assumirmos nossa pouca criatividade para nos relacionarmos. Estou dizendo que arrogância e pedantismos são abstrações das nossas mentes? Não. Estou dizendo que, ainda que eles existam são plenamente negociáveis e tendem a perder força se estiverem cercados de sentimentos mais nobres, mais humanos e mais aconchegantes.

Afinal, não são sentimentos assim que nos dão uma rota única em todo almoço de confraternização lá da empresa? Ou você chega à porta do restaurante e vai direto para a cadeira vaga mais próxima? Não, você escolhe. E sempre escolhe quem mostra respeito e carinho por você. Dentro do mundo corporativo, somos obrigados a focar em resultados, mas sempre seremos movidos a sentimentos. E a comunicação, meu amigo, é a mais *premium* das ferramentas para você se relacionar. Invista tempo e criatividade nela, e você ficará rico em dividendos.

Inácia Soares

Jornalista pela Universidade Federal de Minas Gerais (UFMG) e MBA pela Fundação Dom Cabral. Tem experiência de mais de 14 anos como editora e apresentadora do programa *Pessoas de negócios*, o mais antigo da TV mineira, já entrevistou mais de quatro mil profissionais e empresários. Como repórter, viaja pelo país gravando reportagens em empresas de todos os segmentos. Foi diretora de Programação da TV Rede Super por nove anos, coordenadora da TV Pitágoras. Com a *expertise* acumulada na prática da comunicação e nas vivências do mundo corporativo, tornou-se articulista de revistas e palestrante de temas ligados à comunicação, gestão de carreiras, *marketing* pessoal e media training, além de comandar debates em eventos empresariais. Foi professora do Núcleo de Pós-graduação do Pitágoras e professora convidada do IBS / FGV. Foi redatora do livro *Momento de decisão – como empresas e profissionais enfrentaram o risco e decidiram seu futuro* (Editora Prentice Hall Financial Times, 2005) e coautora das obras *Emoção, conflito e poder nas organizações – líderes estão despreparados para lidar com pessoas* (Editora C/Arte, 2009) e *Do porteiro ao presidente – todo mundo vende, todo mundo atende* (Editora C/Arte, 2009).

E-mail: contato@inaciasoares.com.br

Telefone: (31) 9957-9186

Anotações

8

Inovação: uma característica e não um objetivo

Uma boa invenção não é, necessariamente, inovação. Às vezes, o invento acaba não sendo aplicado no cotidiano das pessoas e, então, fica restrito à casa do inventor. Nesta apresentação, vamos tratar de inovações aplicáveis no cotidiano, ou seja, as que chegaram ao mercado como novas formas de valor, com capacidade de antecipar necessidade ou desejo, permitindo uma melhor interpretação do futuro

Jair Henrique Reis

Ser + com Criatividade e Inovação

Jair Henrique Reis

Pessoalmente, tenho a felicidade de ter passado alguns momentos inovadores especiais em minha vida. Em 1976, quando comecei a carreira profissional em uma importadora de discos (lembram-se dos antigos LP's de vinil?), minha função era pesquisar novas bandas no cenário do *rock* americano e europeu e, depois, importar seus discos para o Brasil, de preferência acertando quais cairiam no gosto dos brasileiros.

Sem *internet*, conexões rápidas ou trocadores de arquivos em alta velocidade, o máximo que se conseguia era a revista especializada trazida por um amigo ou o tripulante de voo internacional. Surgiu a moda das discotecas e o meu hábito de pesquisar e antecipar o que cairia no gosto dos consumidores locais rendeu um convite para ser discotecário na Bahia, em Salvador, na gigantesca Parafernália (a maior boate da cidade).

Com o meu afastamento do Rio de Janeiro e, por consequência, dos meus contatos, tive que encontrar uma nova maneira de agradar os clientes, pois não mais teria acesso às informações sobre as novidades recém-lançadas. Eu inovei e criei um estilo próprio, que consistia em pegar dois discos, com a mesma música de sucesso, e mixá-la de forma que se transformava em uma versão mais longa do que a conhecida do público. Isso levava os bailarinos à loucura, já que o *hit* durava mais de 10 minutos.

Se foi inovador, a vantagem competitiva não durou tanto, pois outros profissionais perceberam que isso agradava e começaram a fazer a mesma coisa. Afinal, não era nenhuma fórmula secreta ou tecnologia revolucionária, era só uma novidade. Enfim, a moda das discotecas começou a decair e eu entendi que precisava de uma carreira mais sólida e, com as minhas qualificações da época, o que arrumei foi um emprego de tirador de notas fiscais em uma financeira de letras de câmbio, no início dos anos 80 (a década da inflação galopante).

Um dos grandes problemas dos profissionais do nosso tempo, sem dúvida, é o de se manter atualizado, pronto para o futuro, que chega cada vez mais rápido. Ou será que é o presente que dura cada vez menos? Como não se tornar antiquado? O que fazer para não ser repetitivo? Qual a melhor maneira de saber se a sua descoberta já não é conhecida pelo público?

É, meus amigos, no início dos anos 80 também era assim! Em meu trabalho aprendi a calcular em uma HP12C, a calculadora financeira símbolo de conhecimento dos operadores do mercado financeiro. Eu praticamente só sabia apertar os botões em uma sequência decorada, que me foi ensinada pelo craque da matemática da empresa, mas a minha velocidade e precisão faziam com que os principais clientes ficassem à volta, avaliando opções de investimento.

Inovei no processo e aprendi a calcular antes mesmo que os colegas

Ser + com Criatividade e Inovação

abrissem as suas tabelas. O resultado para a empresa foi um sucesso de vendas e, para mim, um crescimento profissional vertiginoso, pois em pouco mais de dois anos eu era o melhor vendedor de letras de câmbio. Motivei-me a mudar de emprego algumas vezes, com o salário cada vez mais alto, mas sentia falta de trabalhar com a música e as pesquisas, e não gostava mesmo dos números financeiros.

Como podem ver, posso bem falar de inovação, pois, desde cedo, aprendi a conviver com ela em todos os momentos. A primeira dica para inovar é arriscar, sabendo que grandes inovadores falharam muitas vezes. Falhar não é igual a perder, perder é igual a desistir. A recriação, a adaptação, os ajustes e as revisões são o melhor caminho para a pessoa atingir alto estágio inovador.

Decidi voltar ao ambiente musical e abri o meu primeiro estúdio em 1982, mas permaneci dividindo o sonho com o mercado financeiro até 1986, quando criei minha própria gravadora. Ela ficou especializada na boa música instrumental brasileira e, como inovação, surgiu um formato inédito de negociação com os artistas, sócios da gravadora nos seus discos, algo inusitado em um tempo que as multinacionais da música ditavam as regras.

Conforme alguém vai se lembrando do passado e de suas conquistas, deve ter cuidado para não se tornar a pessoa que já sabe das "coisas". A que tem experiência e não pode perder tempo com novidades que ainda não provaram a eficiência e eficácia. Vale lembrar que, para criar um bom ambiente de inovação, há três regras simples: (a) pare de querer produzir resultados freneticamente; (b) pare de repetir exaustivamente processos que já estão implantados e (c) busque observar e imaginar novos processos, mesmo pondo em risco a atual estabilidade e a produtividade.

Meus sócios na gravadora não se interessaram pela minha ideia de colocar mensagens institucionais e comerciais em um velho gravador k7 (*auto reverse*), vinculado ao número de telefone da empresa-cliente. Apostei na inovação e, dali por diante, estava criada a Telespera®, marca registrada que se tornou sinônimo da espera telefônica. Em 1993, abri a Diet Vídeo Music, uma produtora do serviço oferecido pela Telespera.

Ninguém entendia alguém trocar a rotina de uma gravadora de discos instrumentais, que se não dava muito dinheiro pelo menos transferia *glamour*, por uma produtora de mensagens institucionais, vendidas por preço quase insignificante para cada cliente. Só que eu vendia o serviço para milhares de clientes.

Quero chamar a atenção para outro ponto importante. Se controlar a resistência ao processo inovador é necessário, mais ainda é o cuidado para não seguir na direção oposta e virar um visionário. Alguém que planeja, mas não consegue executar e fica esperando alguma coisa que ainda vai acontecer. Não coloque a inovação em um futuro distante de ser alcançado ou que nunca vai chegar.

Jair Henrique Reis

O tempo passou... Então, como qualquer gestor deve sempre fazer, há o repensar do negócio e o ajustamento à dinâmica do mercado. Não tinha mais dúvidas (aliás, acho que nunca tive) de que eu era um criador de novos produtos e processos, mas dificilmente encontraria o mesmo sucesso comercial da Telespera, o carro-chefe da Diet Vídeo Music (que, em 1999, tinha franquias em diversos estados brasileiros).

Sem abandonar os produtos comercializados, decidi explorar melhor o momento presente e construir novas possibilidades. Hoje, tenho a sensação de que esse presente fica cada vez mais curto e estreito, que ele se transformou em um pequeno filtro por onde todas as opções potenciais passam para o gestor escolher aquelas que farão parte da sua história. A habilidade nas escolhas irá traçar a sua capacidade inovadora porque, como já disse antes, se não der certo agora faça de novo e, depois, outra vez.

Crie novos começos até que o seu ideal apareça. Inove e tenha cuidado com uma armadilha comum de ocorrer. Empresas e pessoas inovadoras por vezes organizam tantas formas e processos para garantir a produção, a eficiência e a previsibilidade dos resultados, que inibem as principais características que as levaram ao sucesso: a criatividade e o gosto pelo novo.

Continuei inovando em produtos e processos. Criei novos formatos e maneiras de me relacionar com o mercado e os clientes. Hoje, o Grupo JHR é formado pela Diet Vídeo Music (produtora audiovisual, criada em 1993), pela Linha1 Publicidade (agência atenta às novas tendências do mundo publicitário, criada em 1997) e a Comunicação na Prática (empresa de conteúdo, consultoria e palestras, criada em 2000).

Mesmo com essa história gostosa de contar, para tentar traduzir ao leitor como a inovação também poderá mudar a sua vida, preciso confessar que ainda não me sinto pronto e realizado. Aliás, espero nunca me sentir pronto, pois é a constante busca do desenvolvimento intelectual e pessoal que nos faz rejuvenescer, crescer, ser diferente, não ficar velho nunca.

Finalizando, esteja atento à velocidade do mundo, desenvolva a habilidade de adaptar-se, perceba que você não está apenas conectado a uma grande rede, pois você é a conexão. Você é parte integrante dessa inteligência coletiva, da engrenagem colaborativa que está em movimento constante e acelerando a cada dia. Aplique-se ao *marketing* colaborativo, aquele feito com o que há de mais importante para você: os clientes, parceiros e fornecedores.

Ser + com Criatividade e Inovação

Jair Henrique Reis

Empresário, conselheiro empresarial, palestrante com foco na gestão dos canais de relacionamento das empresas com seus diversos públicos, é presidente do Grupo JHR. Começou como profissional de produção audiovisual, em 1980. É músico, apresentador e narrador, tendo experiência como produtor, diretor de audiovisuais, editor e cinegrafista. Em 1993, criou a Diet Vídeo Music, produtora que tem como clientes dezenas de empresas de grande e médio porte. Em 1997 criou a Linha 1 Publicidade com o objetivo de atender os clientes que demandavam atenção específica em comunicação publicitária. Finalmente, em 2000 surgiu a Comunicação na Prática, empresa de consultoria, gestão dos canais de relacionamento e estratégia.

Site: www.comunicacaonapratica.com.br

Anotações

9

Invente um novo você

Construa uma trajetória de sucesso em sua vida

José Osvaldo de Oliveira

Ser + com Criatividade e Inovação

José Osvaldo de Oliveira

Boa parte das pessoas anda muito repetitiva, reproduzindo os mesmos pensamentos, comportamentos e emoções. Seus dias não têm novidades e são entediantes. Não estão felizes, mas não sabem como buscar novas alternativas para tornar a vida mais interessante.

Você faz parte desse grupo de pessoas?
Avalie:
Seus dias são rotineiros?
Você tem a sensação de estar patinando na vida?
Você costuma reproduzir os mesmos pensamentos do dia anterior?
Você anda trabalhando em excesso, sem tempo para lazer?

Se sua resposta for sim para pelo menos metade das perguntas acima, é sinal de que você não está fazendo um bom uso de sua mente, sendo repetitivo, sem criatividade, e seu entusiasmo não é dos melhores.

Os estudiosos do comportamento humano afirmam que 90% das pessoas não pensam, 5% pensam que pensam e apenas 5% pensam de fato. Daí se conclui que a maioria das pessoas não está sabendo usar bem sua mente. Consequentemente não está desfrutando de tudo que a vida pode lhe proporcionar. Muita gente acha que está pensando, quando na verdade está apenas repetindo seus velhos pensamentos negativos e sofrendo seus impactos emocionais. O excesso de preocupação e de trabalho são os maiores inimigos da criatividade.

O que fazer para turbinar sua criatividade e inovar na sua vida?

Vamos entender um pouquinho sobre a mente. Existem vários estudos sobre essa máquina fantástica que é o cérebro humano, vamos utilizar um deles que trata do cérebro dividido ao meio. Chamamos os componentes dessa divisão de hemisfério esquerdo e hemisfério direito. Embora eles funcionem simultaneamente em harmonia com todas as suas áreas, o lado esquerdo tem funções diferentes das do lado direito. O lado esquerdo é responsável por armazenar todas as informações aprendidas, ou registradas ao longo da vida, é o lado do Qi, Quociente de inteligência. Usamos essa parte do cérebro para fazer cálculos, buscar lembranças do passado, comunicar, acompanhar a sequência de informações e desenvolver nossas funções profissionais repetitivas do dia a dia.

O lado direito é o lado emocional, criativo, intuitivo. É esse lado que você usa para fazer uma poesia, criar seus sonhos em relação ao futuro, fazer uma pintura, criar novas oportunidades de vida, relacionar-se afetivamente, conquistar amigos, rezar etc... É o lado do Qe ou Quociente emocional.

Este lado do cérebro não funciona sob pressão. Ou seja, o medo de errar, a autocobrança, o perfeccionismo, a falta de tempo são inimigos mortais dele. Outras emoções que bloqueiam essa área do cérebro são a raiva, a culpa, a ansiedade e o ressentimento. Parece um paradoxo, mas a melhor maneira de resolver um problema é parar de pensar nele. Ou seja, você não vai conseguir resolver um problema com a mesma mente que o criou. Quando precisar tomar uma decisão nova, mande essa mensagem para sua mente e procure se distrair fazendo qualquer outra coisa, menos focar no problema. Sua mente inconsciente, que está o tempo todo fazendo o melhor por você, terá liberdade para criar alternativas e quando as tiver lhe informará imediatamente. As pessoas repetitivas não estão usando o lado direito do cérebro, apenas o esquerdo. Muita gente anda com seu hemisfério direito cheio de "teias de aranha", em desuso. A boa notícia é que em qualquer momento que decidir praticar a criatividade, ela estará disponível. No começo será mais difícil, por falta de prática, mas a persistência vai torná-lo eficiente. Quanto mais exercitar a criatividade, mais criativo será. Não usar o lado direito do cérebro é uma forma de emburrecer.

Silencie sua mente tagarela

As pessoas que andam num ativismo sem fim certamente estão com seus pensamentos muito acelerados, pensando mil coisas ao mesmo tempo, impedindo-se de criar novas possibilidades. Portanto, antes de exercitar a criatividade é preciso praticar alguns ritos.

Rito é uma prática disciplinada de pequenas ações que venham reeducar a mente. Uma mente começa a tagarelar quando a pessoa perde a conexão com sua fonte interior e fica olhando demais para o mundo de fora, envolvendo-se com as loucuras à sua volta. A fonte de sabedoria e poder que nos faz mover o mundo está dentro de nós, e é impossível lidar com os desafios da vida de maneira sábia se estivermos desconectados de nossa fonte interior. Portanto, antes de querer conquistar o mundo de fora é preciso cultivar e sintonizar o mundo de dentro, conectando com o nosso eu mais profundo, silenciando a alma.

Como fazer isso na prática?

Planeje seu dia, não coloque nele mais atividade do que você é capaz de cumprir. Mantenha seu foco nas ações que estão agendadas, sem se dispersar, fazendo primeiro o que é urgente e depois o que é mais importante. Não deixe para amanhã o que precisa ser feito hoje, nem faça hoje o que pode ser feito amanhã, a não ser que tenha cumprido toda sua agenda do dia. Resolva todas as suas pendências como: visitar algum parente, pedir perdão, declarar amor a quem você ama, arrumar sua gaveta, pagar suas dívidas, fazer as pazes com alguém, planejar sua vida. Tirar todos os dias pelo menos 15 minutos para fazer sua meditação, esvaziando sua mente de todo lixo acumulado pelos maus pensamentos, deixando-a silenciar mansamente. Assim estará vivendo totalmente o momento presente e a mente silenciosa acessará sua essência divina, de onde emana toda a fonte criadora.

A mente silenciosa é o terreno mais fértil para brotar toda a criatividade e inovação de que precisamos.

Agora sim, você está pronto para conversar com sua mente criativa. Mas para extrair o melhor que ela tem a lhe oferecer, faça o seguinte:

Saia da rotina, faça algo que lhe dê prazer: uma viagem, um passeio ecológico, uma partida de futebol, um churrasquinho com os amigos, assistir a um bom filme, ler um bom livro, fazer um curso na área de autoconhecimento ou motivação, tirar férias, mudar seu trajeto de ir para o trabalho, comer outros tipos de comidas, fazer novas atividades físicas, não ficar preocupado em pensar negativo ou positivo, apenas silenciar sua mente. Livre-se de seus compromissos menos importantes etc...

Pare de buscar respostas e faça mais perguntas
Para cada atividade que estiver desenvolvendo, pergunte-se: por que estou fazendo isso? É possível fazer de outra maneira? Quais as outras maneiras possíveis de fazer o que estou fazendo? O que eu faço é algo de que eu me orgulho? O que anda me incomodando ultimamente?
O que eu posso fazer para mudar isso? Se eu pudesse trabalhar só por prazer, o que eu faria? Qual a possibilidade de gerar resultado financeiro fazendo algo que me desperte paixão?

Em sintonia com sua mente criativa, planejando sua vida. Crie sua visão de futuro
Como o próprio nome já diz, visão de futuro é a capacidade de ver o invisível. É abrir uma clareira na imensa floresta da vida, apontando o caminho por onde pretende trilhar sua jornada. E é ainda mais do que isso, é sair mentalmente do lugar onde está e se ver no futuro, criando uma nova realidade, desfrutando dela já no presente. Nossos sonhos são nossa visão de futuro. Quanto mais ousados forem seus sonhos, maior será sua visão de futuro. Quanto maior sua visão de futuro, mais significados terá sua vida. Viver é sonhar, quem não sonha não vive. Mas lembre-se de que é preciso compatibilizar sonhos com ação e ousadia, para que eles não fiquem apenas no devaneio da mente. Crie seu caminho estratégico de como realizá-los.

Metas – estipulando datas aos seus sonhos
Estabelecer metas é o próximo passo depois de criarmos nossa visão de futuro através de nossos sonhos. Se não estabelecermos metas e não seguirmos, de maneira disciplinada e criteriosa, cada passo estabelecido, corremos o risco de não fazermos o que precisa ser feito para tornar nossos sonhos realidade e acabarmos nos frustrando. Quando marcamos uma data limite para concretizar nossos sonhos, eles começam a tomar forma e nossa mente inconsciente canalizará toda a energia na direção certa.
Para facilitar sua compreensão de como fazer isso na prática, segue abaixo um plano de metas de um aluno recém-formado na faculdade. Seguindo o exemplo, você poderá criar suas metas reais.

Metas para os próximos 5 anos
Imagine-se estando lá - 5 anos à sua frente - e afirme o que acontece com

você aí no presente:

Carreira/profissional

Estou trabalhando na área que gosto. O fato de fazer o que gosto tem me ajudado a ser mais eficiente e produtivo. Sou muito querido pelo meu superior e meus colegas de trabalho. Já consegui até uma promoção na empresa.

Financeiro

Estou bastante satisfeito com meu salário. Já comecei a construir minha casa própria, terei de financiar uma parte, mas ela será minha. Já acabei de pagar o financiamento do meu carro. Estou ganhando o equivalente a 16 salários mínimos.

Social/amigos

Tenho ótimos relacionamentos, no trabalho e no bairro onde moro. Tenho uma turma de amigos que se reúne no final de semana de 15 em 15 dias. É uma turma maravilhosa. Estou tentando arrumar tempo para participar das atividades promovidas pelo clube onde sou sócio.

Familiar/afetivo

Estou noivo, vou me casar no próximo ano. Minha noiva é uma pessoa maravilhosa. Nosso relacionamento é ótimo. Amamos-nos muito. Sou bastante ligado à minha família, ela é bastante unida e feliz.

Conhecimento/Autoconhecimento

Estou terminando minha pós. Já fiz alguns cursos de aperfeiçoamento na minha área, mas não quero parar, tenho muitos planos para o futuro. Uma coisa que tem me ajudado muito são os cursos de autoconhecimento que tenho feito. Sinto-me mais completo e maduro para lidar com as pessoas.

Saúde/física e mental

Cuido muito bem da minha alimentação, evito comida que comprometa minha saúde. Faço caminhada quatro vezes por semana. Cuido da minha mente com boas leituras e pratico meditação pelo menos três vezes por semana.

Espiritual

Estou mais assíduo à minha igreja. Gosto de praticar a caridade, ser útil às pessoas. Tento fazer tudo com amor e por amor. Coloco coração e razão em tudo que faço. A meditação me faz mais humano e divino ao mesmo tempo. Sinto que faço parte de um todo maior e tento influenciar positivamente esse todo com minhas ações de solidariedade.

Trabalho voluntário

Minha espiritualidade levou-me a um compromisso com o bem da comunidade onde eu vivo. Participo de uma Ong que cuida de crianças e jovens em situação de risco por causa da pobreza. É um trabalho muito gratificante.

Saber onde você está e onde deseja chegar já é a metade da caminhada percorrida. Ponha-se agora em ação e venha fazer parte do grupo das pessoas mais evoluídas e felizes, você merece!

José Osvaldo de Oliveira

Educador, consultor organizacional com 15 anos de experiência profissional em empresa de grande porte, empresário do Terceiro Setor, mais de 20 anos de experiência como líder social, consultor pessoal, *Master* e *Trainer* em PNL, *Master* em Hipnose Clínica e *Coach*. Diretor do Instituto Lapidar, maior centro de PNL e *Coaching* do interior de Minas Gerais, autor dos livros "Excelência Humana e Excelência Profissional, artes que se aprendem" e "Mentalização Criativa". Coautor dos livros *"Ser + com PNL", "Ser + com T&D"*, *"Ser + com Coaching"*, *"Ser + com Motivação* e *"Ser + com Palestrantes Campeões"* (Editora Ser Mais).

Site: www.institutolapidar.com.br

E-mail: osvaldo.consultoria@passosnet.com.br

Telefone: (35) 3536-1563

Anotações

10

Uma questão de estar em movimento

Novas vivências geram novos conteúdos. Formar um rico acervo de conhecimento é fundamental para o indivíduo que busca atuar de forma criativa e inovadora, pois ele terá acesso a um número maior de ideias e pensamentos armazenados que, se bem combinados entre si, podem gerar novas soluções

Lúcia Pacheco

Ser + com Criatividade e Inovação

Lúcia Pacheco

Ninguém será criativo e inovador se for um preguiçoso. As pessoas preguiçosas, que não se mobilizam para ampliar seu conhecimento e experiências, geralmente se acostumam a dar as respostas mais básicas e óbvias. Podem ser inteligentes e contar com a semente da criatividade em si, mas não usarão seu talento a serviço de si ou da humanidade, pois são mais afeitas a encostar-se a um canto e a assistir às "tentativas" dos demais.

Se não enxergarmos o movimento com bons olhos... jamais pensaremos e agiremos com ousadia para gerar melhores resultados.

Veja como acontece: criatividade e inovação são "acontecimentos" internos dinâmicos. Quando temos uma nova ideia, saímos da solução conhecida e desbravamos uma nova possibilidade através do pensamento. Esse movimento interior requer disponibilidade ao exercício da busca do diferente e, muitas vezes, exige empenho diferenciado. Ser criativo e inovador é viver em constante movimento interior. A pessoa criativa não alcança as melhores respostas do nada... ela trilhou um caminho para chegar a essa situação. Se tivesse se acomodado e se satisfeito com o que "dá menos trabalho", não teria alcançado a condição de um olhar diferenciado sobre os acontecimentos. Aquele que "vê" além e percebe soluções criativas eficazes conta com um acervo dentro de si – acervo construído e adquirido ao longo de sua jornada.

A questão é: como construir esse acervo e habilidade?

Em primeiro lugar: deixar de lado a ideia de ser preguiçoso... é fundamental vivenciar experiências e conteúdos de todos os "naipes". Informações sobre o mundo, sobre a história, geografia, expressões do pensamento e das artes, esportes, curiosidades e assim por diante. Quanto mais conteúdos nós vivenciarmos, quanto mais amplo for o nosso acervo de conhecimento, maior a facilidade de pinçar soluções eficazes.

Se o indivíduo morar na zona rural ou atuar na agropecuária, por exemplo, quanto maior seu conteúdo sobre a vida no campo – clima, comportamento da natureza do entorno, formas de cultivo, como lidar com os animais, carpintaria, ferramentas e maquinaria do agronegócio etc., maior a condição de alcançar positiva *performance* criativa. E assim se dá com os outros indivíduos que desenvolvem seu trabalho e vivem sua história pessoal em outros ambientes.

Por isso é fundamental oferecermos aos nossos filhos e alunos, desde cedo, oportunidades de vivenciarem e contatarem novos conteúdos de todas as espécies, em conversas, jogos, viagens, tarefas desafiadoras, programação de lazer, leituras, cursos extracurriculares etc. Novas vivências geram novos conteúdos.

E nós, adultos, caso tenhamos sido pouco estimulados ao conhecimento ao longo de nossa vida familiar e escolar, podemos me-

Ser + com Criatividade e Inovação

lhorar nossa condição presente, pois sempre é tempo de nos desacomodarmos, lermos, estudarmos e buscarmos enxergar o mundo através das muitas facetas que ele apresenta. Formar um rico acervo de conteúdos e conhecimento é fundamental para o indivíduo que busca atuar de forma criativa e inovadora, pois ele terá acesso a um número maior de ideias e pensamentos armazenados que, se bem combinados entre si, podem gerar novas soluções.

E então chegamos ao segundo passo, que é o desenvolvimento da capacidade de relacionar os conteúdos e conhecimentos. Se os conteúdos, provenientes de experiências e estudos anteriores, ficarem armazenados de forma estanque... estática... sem comunicação entre si... talvez não sirvam para o alcance de respostas criativas. Significarão um grandioso acervo, que a pessoa poderá apresentar e esnobar para os demais... mas não servirão para levar o seu proprietário a novas soluções. Lembre-se: o movimento precisa estar presente! Movimento para viver e buscar os conteúdos e movimento para relacionar os conteúdos – ligar as informações, unir as soluções alcançadas por outras pessoas em diversas situações, conectar as diferentes saídas para vislumbrar um novo caminho.

Movimento! Não existe criatividade e inovação sem movimento. Uma atitude dinâmica, que gera movimento – é disso que precisamos.

Mas é claro... que não paramos por aqui. Sim, conteúdos e conhecimentos são fundamentais. Sim, a habilidade de relacionar os conteúdos e conhecimentos é fundamental. Mas, ainda faltam alguns outros ingredientes em nossa receita especial de criatividade e inovação. É preciso uma grande "pitada" de gosto por desenvolver ideias próprias – uma pitada de confiança para se abrir a uma forma pessoal de olhar e interpretar o mundo. Se ficarmos presos às formas e interpretações existentes, por medo de arriscarmos o nosso próprio olhar sobre tudo, talvez percamos a grande oportunidade de oferecer ao mundo a nossa singular contribuição.

Se todas as pessoas que viveram até hoje tivessem apenas organizado e combinado os conteúdos transmitidos por outros, pouco teríamos avançado. Chegamos até aqui através da capacidade e da coragem de fazer a diferença. Coragem de pensar diferente. Ousadia de olhar de forma diferente uma mesma situação percebida pelos demais. Um novo olhar – uma nova e pessoal forma de olhar os acontecimentos – pode gerar uma significativa diferença no comportamento e nos valores da comunidade próxima e até da humanidade. Nós, seres humanos habitantes deste grandioso planeta, precisamos ter a coragem de expressar a nossa "pessoalidade". Precisamos parar de temer quando alguém nos pergunta sobre nossa opinião ou posição pessoal sobre qualquer questão. Não é necessário nos basearmos no que já foi expresso para concordarmos ou discordarmos apenas. Podemos oferecer a nossa visão pessoal sobre tudo. Essa é a ousadia que pode gerar a diferença que tanto precisamos para evoluir.

É claro que para expressar a nossa visão pessoal precisamos de uma dose de confiança em nosso próprio olhar e de uma dose de coragem para expor o nosso olhar e correr o risco de não agradar a ninguém. Precisamos desses ingredientes para a receita da criatividade e inovação: confiança e coragem de se expressar.

Sem a expressão, nada acontece. As boas ideias ficam guardadas... armazenadas para nunca. Ficam lá dentro... mofando... e jamais geram transformação. Jamais levam os demais à evolução... seja de um processo produtivo, de um formato de relacionamento social ou de um código de crenças e valores.

O exercício da expressão é o fermento da criatividade. Expressar, tirar de dentro. Muitas vezes, através do exercício da expressão, descobrimos e praticamos pensamentos e conexões de ideias que nem havíamos identificado como nossos. Ao expressarmos, retomamos contato – nós mesmos – com conteúdos e crenças armazenados... talvez até esquecidos. Ao expressarmos, exercitamos a nossa coragem e, a partir das respostas dos demais, temos a chance de fortalecer nossa confiança em nossa forma única de ser e estar no mundo e temos a chance de aprofundar ou rever e até qualificar nossa expressão. O exercício da expressão acelera o desenvolvimento pessoal e é ingrediente fundamental da criatividade e postura inovadora frente aos acontecimentos de nossa vida cotidiana e frente aos desafios da genialidade.

A receita? Vivenciar experiências e buscar conteúdos para ampliar cada vez mais o nosso conhecimento; exercitar a habilidade de relacionar os conteúdos e conhecimentos; desenvolver o gosto de apresentar seu olhar pessoal e ideias próprias... para além dos conteúdos aprendidos (ir além!); fortalecer a coragem e a confiança de expressar a visão pessoal e as soluções alcançadas. Um encadear de ações... dinâmicas, que requerem uma postura de movimento frente à vida. Se queremos ser criativos e inovadores, precisamos compreender que o marasmo, a preguiça e a acomodação farão parte do passado, pois a vida criativa pede movimento – dinâmica interior e exterior: a busca da condição, a prática de novas e criativas conexões e a manifestação expressiva.

O novo... o inovador... não vem do nada, mas requer caminho.

Várias vezes ouvi a seguinte pergunta das mais variadas pessoas: de onde é que você tira essas ideias? De onde você tira os nomes de suas personagens? De onde você tira isso ou aquilo? Ora... nem sei

Ser + com Criatividade e Inovação

bem como responder, mas afirmo que saíram da minha "cabeça". O que está lá dentro da minha "cabeça"? Imagens, informações, conteúdos e percepções de experiências vivenciadas que se acumularam ao longo dos anos – anos de busca e exercício da expressão criativa. Certa vez estipulei para mim mesma a tarefa de escrever um poema por dia – sobre qualquer coisa – só para exercitar a expressão escrita. Sentava-me... pensava... decidia sobre o que escrever... e começava a combinar as palavras. Às vezes, sem inspiração sobre o que desenvolver, olhava para um objeto e escrevia sobre ele. Poemas sobre um jarro, uma estante, uma janela, um almoço ou qualquer outra coisa. Ao finalizar, mesmo achando sem inspiração o motivo inicial, surpreendia-me com o resultado. E então, pensava com meus botões: "Jamais teria descoberto a beleza desse objeto se não tivesse me disposto ao exercício". E é claro que não poderia deixar de sentir certa alegria... uma pequena satisfação silenciosa... por me dispor ao movimento!

Criatividade e Inovação: uma questão de estar em movimento!

Lúcia Pacheco

Palestrante e consultora em Protagonismo, Lúcia é diretora da Hilária Troupe – Soluções Diferenciadas em Comunicação e Educação Corporativa. Arte-educadora, pedagoga, professora de filosofia e pós-graduada em Dinâmicas Corporais como Expressões Terapêuticas. Atriz, diretora de teatro, focalizadora de Danças Circulares e autora de mais de 30 peças teatrais apresentadas por todo Brasil, já atuou no Uruguai, Argentina e Itália e foi vencedora de diversos Festivais de Teatro de SP. *Coach* pela SLAC, foi pioneira do teatro empresarial no Brasil. Autora do livro "Caminho – os passos que damos nos levam à abundância que merecemos", um Guia de Desenvolvimento Humano, pela Enepress Editora (2009) e coautora dos livros "Ser + em T&D" e "Ser + com Palestrantes Campeões", pela Editora Ser Mais (2010 e 2011).

Sites: www.luciapacheco.com.br / www.hilariatroupe.com.br
E-mail: luciapacheco@hilariatroupe.com.br

Anotações

11

Criatividade... iiiih, deu branco!

Os indivíduos que optam por colocar sua atenção no lado belo das experiências, independentemente do seu conteúdo, alcançam com maior facilidade a expressão criativa e optam por colocá-la em prática no seu cotidiano

Luciane Mina

Luciane Mina

A realidade dos fatos não existe, cada ser dá a sua interpretação diante do estímulo recebido. A criatividade requer pensamento do cérebro inteiro; lado esquerdo mais lógico e responsável pelo planejamento, e lado direito, que cuida da imaginação e da intuição.

Segundo a Programação Neurolinguística, PNL, construímos a nossa leitura de mundo a partir da percepção de estímulos e a criatividade é fruto dessa magia.

Como Richard Bandler afirma, **"uma palavra vale mil imagens"**. O ponto de vista pessoal expresso através da fala reflete nas representações do indivíduo. Os valores associados às palavras estão relacionados à história pessoal, aos dados culturais do interlocutor e interferem na observação.

A riqueza ou a pobreza de vocabulário na expressão da percepção das emoções e do próprio significado da situação declara o porte do mapa interno do indivíduo, quanto maior a sua variação na expressão do que percebe, maior a possibilidade de organização das situações vividas.

Criatividade

Segundo Linda Naiman, a criatividade é uma competência essencial para os líderes, gestores e uma das melhores maneiras de definir a sua empresa para além da concorrência. A criatividade corporativa é caracterizada pela capacidade de perceber o mundo de maneiras novas, para fazer conexões entre fenômenos aparentemente não relacionados e gerar soluções.

Naiman nos sugere a figura do *design thinking*, que tem a proposta de ordenar os pensamentos, dando às ações resultados mais produtivos. Quando o *design thinking* faz uso da PNL, pode definir e estender os limites do conhecimento humano, viabilizando que o indivíduo adquira um modo de olhar além do conteúdo comportamental e da atitude das pessoas.

Organizar etapas e passos dos processos mentais de indivíduos de ação proeminentes nos dá condição de transferir e aplicar o processo mental de um campo em outro, de conteúdo inteiramente diferente. Quando a empresa se permite interagir com este profissional e se predispõe a exercitar as várias possibilidades do processo criativo, seu potencial nos resultados amplia violentamente, fortalecendo seu capital intelectual.

Espiritual	Visão & Propósito
A. Quem **sou** eu - identidade	Missão
B. Meu sistema de **crenças**	Valores, metaprogramas, Permissão e motivação
C. Minhas **capacidades**	Estados, estratégias, direção
D. O que eu **faço**	Comportamentos específicos Ações
E. Meu **ambiente**	Reações ao contexto externo

Quadro. Dilts, Robert B. **A estratégia da genialidade**, Ed. Summus editorial

Dessa forma, a pesquisa do Dr. Robert Epstein PhD, *Psychology Today* (julho/agosto 1996) sinaliza que a fluidez do pensamento proporciona uma variação expressiva na decodificação da realidade, comprovando que o adulto, após sofrer a ação da cultura, faz uso de 3-6 alternativas, enquanto a criança faz uso de 60 alternativas.

O que fazer?

Há momentos em que enfrentamos bloqueios que parecem intransponíveis diante da urgência na apresentação de uma solução. Para o sucesso do processo criativo é necessário:

- Superar o espírito negativo;
- Vencer a dúvida;
- Determinar o alvo;
- Transgredir as regras;
- Sair do quadrado;
- Permitir o desabrochar da alternativa.

O verdadeiro obstáculo está dentro de nós. As experiências, os pressupostos práticos e teóricos e os preconceitos afastam as soluções brilhantes.

Analisemos, então, os pontos sugeridos.

Superar o espírito negativo. No momento da criação, muitas vezes, percebemos um cansaço, evidências nos mostrando o que não fazer. A alternativa é usar a velha regra 99% de saturação e 1% de inspiração. Busque informações sobre o tema que você quer desenvolver. Visite novas realidades e identifique instrumentos alternativos.

Procure construir um caderno de possibilidades (cole imagens do que deseja alcançar) ou uma caixa de suprimento (coloque objetos que te ajudem a lembrar o que busca) com novas energias e ideias sobre o seu propósito. Diante de uma pessoa com colocações negativas e improdutivas, interrompa seu fluxo de pensamento, questionando de maneira peremptória: "O que você verdadeiramente quer?". Isso interromperá o padrão negativo, pois a expressão de desejo sempre vem de maneira positiva e produtiva, facilitando o desabrochar do processo criativo.

Vencer a dúvida. Quanto mais evidências você reúne de pessoas e ações criativas, mais supera a sua dúvida para alcançar o resultado desejado. No primeiro momento pode criar um vazio, pois este está sempre esperando ser preenchido. Você pode atrair um material que deseja, escrevendo em um documento em branco "material novo aqui".

Determinar o alvo. "A quem não sabe para onde vai, qualquer lugar serve". A primeira atitude diante de um problema que não tem solução é *relaxe, não tem solução*. A segunda atitude diante de um problema que tem solução é *relaxe, tem solução*. A conduta do relaxar ajuda a ampliar o acesso a ideias, testemunhos e exemplos criativos.

Experimente executar a regra oposta, faça tudo ao contrário do determinado e identifique os parâmetros que permanecem e os que podem ser excluídos. Selecione o que há de melhor nessa experiência, registre as conquistas percebidas.

Transgredir as regras. Scott Thorpe afirma que "palavras não podem motivá-lo a tentar o impossível, mas uma visão carregada de emoção pode" e "problemas pequenos costumam perdurar por anos, já que o custo para solucioná-los é maior que o sofrimento que eles causam, então aumente o tamanho do problema, assim ele mobilizará energia e perseverança resultantes em criatividade."

Albert Einstein sugere para este ponto a transgressão das regras, indicando as seguintes alternativas: violar as regras, ou seja, não seguir os caminhos já determinados ou contornar a regra ao usar meios alternativos para chegar ao ponto escolhido: posso chegar a São Paulo de carro, de avião, por *e-mail*, pensamento e...

Identifique um personagem real ou de ficção que já alcançou a solução que você busca. Replique as estratégias utilizadas por ele, fazendo uso de uma boa modelagem. Quanto maior a sua identificação com o modelo, maior será a possibilidade de eliminar limitações e identificar as mesmas soluções para o seu problema.

Sair do quadrado

Faça o exercício: una com quatro retas interligadas os nove pontos. Só chega à solução aquele que vai além dos limites.

Um indivíduo, quando se vê limitado pelas bordas do quadrado (o limite do problema), tende a repetir sistematicamente as justificativas que reforçam a posição e a condição em que se encontra.

Precisamos sair do nível do problema para compreendê-lo. Imagine uma piscina de 50 metros vista de frente, depois do vigésimo andar de um prédio e por fim do avião. No início ela é grande, depois uma banheira, até que se transforma numa caixa de fósforos.

Permitir o desabrochar da alternativa. Aplique a estratégia. Faça tudo em câmera lenta durante um breve tempo. Observe todos os detalhes à sua volta, internos e externos. A que conclusões você chegou? Registre-as. Agora use a mesma estratégia, porém em velocidade acelerada. Observe todos os detalhes à sua volta, internos e externos. A que conclusões você chegou? Registre-as.

Para a ação criativa são necessárias: diligência, perícia técnica, curiosidade e abertura. Os indivíduos que optam por colocar sua atenção no lado belo das experiências, independente do seu conteúdo, alcançam com maior facilidade a expressão criativa, têm maior habilidade com QI,

Ser + com Criatividade e Inovação

QE, QS e optam por colocar isso em prática no seu cotidiano, mas durante a sua manifestação questionam-se: onde meus olhos estão pousados por muito tempo? Em que minha audição está antenada durante muito tempo? Onde minhas emoções e sensações estão "plugadas" a maior parte do tempo?

O indivíduo apto a expressar o potencial criativo sabe a importância da prática do silêncio, da contemplação do belo e da profunda conexão com seu gênio interior, aplicando a metáfora "o feijão e os problemas" com muita constância, naturalidade e competência.

Reza a lenda que um monge, próximo de se aposentar, precisava encontrar um sucessor...

Entre seus discípulos, dois já haviam dado mostras de que eram os mais aptos, mas apenas um o poderia. Para sanar as dúvidas, o mestre lançou um desafio:

Ambos receberiam alguns grãos de feijão, que deveriam colocar dentro dos sapatos, para então subir uma grande montanha.

Dia e hora marcados, começa a prova.

Nos primeiros quilômetros, um dos discípulos começou a mancar. Parou e tirou os sapatos. As bolhas em seus pés já sangravam, causando imensa dor. Ficou para trás, observando seu oponente sumir de vista. Prova encerrada, todos de volta ao pé da montanha, para ouvir do monge o óbvio anúncio.

Após o festejo, o derrotado aproxima-se e pergunta como é que o outro havia conseguido subir e descer com os feijões nos sapatos:

- Antes de colocá-los no sapato, eu os cozinhei.

Carregando feijões, ou problemas, há sempre um jeito mais fácil de levar a vida.

Quanto mais disciplina e empenho para ampliar o potencial criador e superar os desafios, mais você estará pronto para receber o grande mestre: a ideia.

Referências Bibliográficas

Cudicio, Catherine. **PNL e comunicação** - tradução José Augusto Carvalho. Rio de Janeiro, RJ, Ed. Record, 1996.

McDermott, Ian e O´Connor, Joseph. **PNL para administradores** - tradução Ronaldo Canto e Mello. Petrópolis, RJ, Ed. Vozes, 2000.

Mina, Luciane. **Diga não ao stress – manutenção da saúde integral no gerenciamento do stress para melhoria das relações.** Campos dos Goytacazes, RJ, 2ª edição, Ed. Grafimar, 2010.

Thorpe, Scott. **Pense como Einstein** – Tradução Marcelo Brandão Cipolla. São Paulo, SP, Ed. Cultrix, 2000.

Dilts, Robert B. **A estratégia da genialidade**, vol. II – tradução de Heloisa Martins Costa. São Paulo, SP, Ed. Summus, 1999.

Chopra, Deepak. **A realização espontânea do desejo: como utilizar o infinito poder da coincidência** – tradução Claudia Gerpe Duarte. Rio de Janeiro, RJ, Ed. Rocco, 2005.

Luciane Mina

Psicóloga, CRP 0514860, *Master* em PNL, Formação em Terapia da linha do tempo, Hipnose Eriksoniana, Gestalt, Bioenergética; Pós-graduada em Gestão de RH – UCAM; 46º Presidente JCI – Junior Chamber Internacional, Instrutor CNT (Cetified Nacional Trainer) JCI University. Senadora JCI 69 121; Secretária do Senado Nacional da JCI, gestão 2010, Psicóloga credenciada à Polícia Federal e ao Instituto de Psicologia da Aeronáutica, Responsável pelo processo seletivo para porte de arma no Norte e Noroeste Fluminense; Psicóloga do Esporte na FME – PMCG; Diretora e sócia-fundadora Diretora da L.M.Lima Recursos Humanos, Docente na pós-graduação da "Faculdades Integradas de Patos", Consultora em gestão de pessoas, Conferencista em eventos nacionais e internacionais, Coautora dos livros "Diga não ao stress" e *Ser + com T&D e Ser + com Palestrantes*. **Instrutora Avental Preto da escola de planejamento e gestão de projetos HomoSapiens.**

Site: www.lucianemina.com.br
E-mail: lucianemina@lucianemina.com.br
Telefones: (22) 9978 - 6422 / 3052 - 4049

Anotações

Criatividade, diferencial na formação de líderes humanizados

"Vencer é conquistar e manter vantagem competitiva num mundo de negócios cada dia mais complexo e veloz"

Maria Rita Sales

Vencem as empresas que inovam, operando segundo seu planejamento estratégico, atentando para oportunidades, capazes de viver as constantes mudanças, oferecendo produtos e serviços de qualidade, aplicando liderança que fomente a integração de pessoas, processos e promessas.

Nestas empresas, ser líder é sinônimo de indivíduo que ocupa o primeiro lugar, que está exposto a significativas cobranças. Conquistar e preservar este lugar é complexo e passível de robusta dedicação e persistência.

A aplicação do adjetivo humanizado, agregado ao papel de líder, propõe o direcionamento do homem à condição de civilizado quando se expressa com ponderação, polidez, cortesia. Tais características traduzem instrução e evolução, importantes para o bom relacionamento entre os membros de uma sociedade. É este o foco da presente dialética: o resgate da civilidade no exercício da liderança.

Entende-se o líder como modificador de padrões, um ser de mente aberta, visão ampliada que consegue ultrapassar suas fronteiras interna e externa, que se dispõe a buscar, conhecer pessoas e o que fazem.

O líder humanizado é aquele que aprende e desaprende, transformando, acontecendo, buscando resultados. Que cultiva e potencializa talento e trato interpessoal. É assertivo, tem iniciativa, compromisso e amor às causas que envolvem a dignidade humana.

Há que se considerar a qualificação da liderança que interfere sobremaneira na formação e manutenção do seu comportamento profissional.

A humildade e observância das suas falhas contribuem para seu papel no que se refere ao processo de afiliação, correção e melhoria contínua.

No uso social mais generalizado, papel pode ser definido como a expectativa que as pessoas têm em relação a cada um de nós.

Quando várias pessoas possuem diferentes expectativas em relação a alguém, existe uma tensão, levando-o a experimentar um conflito de papéis. Assim é na família, com pais, colegas de trabalho e outros grupos de convívio.

As pessoas esperam do líder uma habilidade específica que é exercer influência e ser influenciado pelo grupo, através de um processo adequado nas relações interpessoais e de conquistas conjuntas.

Lamentavelmente, encontramos pessoas inábeis, despreparadas, ocupando cargos de destaque com acentuada autonomia e poder. Quem já não experimentou o jugo de uma pessoa emocionalmente desequilibrada?

O aperfeiçoamento da liderança implica em desenvolver atitudes e habilidades que possam contribuir na condução do grupo e na tomada de decisões acertadas.

A força interior dos líderes provém, em grande parte, de qualidades como integridade, dedicação, magnanimidade, abertura e, na última década, destacou-se a criatividade.

Integridade
Ser inteiro/coerente, intelectual e moralmente honesto em tudo o que se faz. Sem integridade, as pessoas traem si mesmas e os demais, e tornam inúteis todos os esforços. A integridade é, talvez, a qualidade cuja ausência seja mais sentida em

todos os níveis, tanto nas empresas quanto nas demais instâncias de vida. A integridade em níveis mais amplos somente pode ser resgatada quando cada pessoa recupera sua própria integridade identitária. A simples existência de pessoas íntegras no mundo dá esperança à convicção de que todos podem elevar-se acima do abatimento moral. Os grandes escândalos são, na verdade, a soma de milhões de pequenas subversões, dissimulações, evasões, meias verdades e erosões morais, não apenas das pessoas em posição de autoridade, mas de toda a sociedade, sob o escuso padrão de que "todo mundo faz".

Integridade é uma das virtudes mais marcantes do líder neste trabalho que traz a liderança humanizada.

Dedicação
Tem na base uma crença apaixonada por algo. Esse tipo de comprometimento intenso e permanente é a base para grandes trabalhos de arte, invenções, descobertas científicas e para a própria vida de muitas pessoas. É o que faz casamentos, empresas e governos funcionarem. Efetivamente, fidelidade absoluta a alguém ou algo torna as pessoas mais humanas. Pessoas não conseguem viver de forma inteira sem dedicar-se completamente a algo além deles próprios. Líderes humanamente eficazes dedicam-se apaixonadamente ao que se propõem, transmitindo entusiasmo aos seus colaboradores, conseguindo dedicação plena.

Magnanimidade
Nobreza de mente e coração; ser generoso, ficar acima de revanches e ressentimentos. A magnanimidade é bastante semelhante à humildade. Pessoas magnânimas se conhecem, têm egos saudáveis e têm mais orgulho das coisas que fazem do que de si. Aceitam elogios sem exaltar sua vaidade e críticas inteligentes sem rancor. São pessoas que aprendem com seus próprios erros e não tiram proveito do erro alheio.

São ganhadores ou perdedores conscientes e elegantes. Líderes autênticos são, por definição, magnânimos e humildes.

Abertura
Disposição para experimentar coisas novas, ouvir novas ideias, por mais bizarras que pareçam; tolerância à ambiguidade e uma rejeição a quaisquer preconceitos, vieses e estereótipos. Uma pessoa aberta não classifica outras pessoas de acordo com raça, cor, credo ou papel profissional; não mede ideias com base apenas em sua origem. Abertura não significa "ser tolerante/menos exigente". Significa "ouvir e compreender profundamente antes de julgar". Líderes humanamente eficazes captam confiança e conectam-se com as pessoas ao seu redor exatamente por esse tipo de abertura/receptividade.

Criatividade
Todos nascem com criatividade, mas podem, lamentavelmente, durante o amadurecimento, atrofiá-la, bloqueá-la, dispersá-la. Para resgatar a criatividade há que se despertar o senso de admiração, romper com ideias pré-concebidas e ver

tudo novo, como fazemos enquanto crianças. Isso significa tornar o familiar em estranho, e o estranho em familiar. Quanto mais o trabalho especializa a pessoa, mais ela precisa esforçar-se para manter-se ou tornar-se generalista, perceber a interconexão entre ciência, estética e ética, a fim de evitar a "síndrome do estereótipo".

Líderes criativos são pessoas que se esforçam para compreender o máximo possível para extrair algo de valor do todo.

A liderança foi, e é, um dos condutores das organizações que visam à excelência e à sua própria superação. O tema fomenta interesse e se evidencia por atrair um grande número de conjecturas sobre modelos e aplicações utilizados para identificar, desenvolver e avaliar o potencial dos executivos, pessoas-chave dentro das empresas, bem como o desempenho das equipes de trabalho. Encontrar líderes excepcionais parece ter se tornado vital para o sucesso das organizações.

Historicamente, a preocupação com o conceito de liderança ganhou impulso com a promoção do movimento das relações humanas, iniciado por Elton Mayo na década de 20. Se para a Escola da Administração Científica a ênfase era a tarefa (produção), hoje, a potencialização dos resultados organizacionais refere-se às pessoas.

O conceito de liderança ganhou efetivo espaço, contribuindo para a elevação da produtividade, a integração das equipes, intercâmbio de ideias e um eficaz processo de comunicação multilateral, com mudanças verificadas no cenário empresarial nos últimos 70 anos de evolução. Foi constatada a variação de padrões e estruturas organizacionais, sofrendo algumas modificações em seu modelo de competências, contudo, sem que fossem alterados seu efetivo valor e propriedades: estilos (comportamento do líder ou o que o líder faz); situacionais (circunstâncias ou cenário em que o líder atua).

As teorias de estilo de liderança concentram seu foco no aprimoramento, por meio da aprendizagem e de mudanças de comportamento.

Na teoria situacional, características de personalidade, tipos de liderança ou motivos comportamentais são insuficientes para determinar a eficácia do processo, tanto em relação ao tipo de grupo liderado quanto às circunstâncias diversas. É necessário, neste tipo de abordagem, analisar a liderança em um contexto mais amplo, a partir de outras variáveis capazes de impactar positiva ou negativamente a relação líder-liderado.

A experiência nos compele a acreditar que não exista uma fórmula única capaz de ser aplicada a toda e qualquer situação, fornecendo uma solução geral. Para alcançar a eficácia e produtividade, elevando os índices de rentabilidade e lucratividade, é necessário avaliar todas as variáveis da realidade objetiva no cenário organizacional em que se insere o processo de liderança. A compreensão deste processo, como um todo, é o que determina as melhores ações a serem empreendidas. Sem dúvida, o líder é uma figura importante, mas sozinho, não conduz a organização ao sucesso.

A palavra criatividade tem suas raízes no latim, cujo significado é "cria em ti vida", o que, por si só, justificaria o entrelace para a formação de líderes humanizados no contexto deste trabalho, associado ao significado de autoridade – autor da sua própria vida – estabelece-se aqui a indiscutível conexão entre os temas.

Ser + com Criatividade e Inovação

O papel de protagonista somente pode ser exercido quando se cria sua própria identidade e vida.

Liderança criativa é, portanto, ter direção, buscando alinhar, sincronizar os desejos, reflexões e ações.

A criatividade na liderança gera a autoliderança. Surgem questionamentos, tais como: "Como podem obter energia ilimitada e agilidade no relacionamento com a equipe? Como podem construir relacionamentos eficazes, sem que se relacionem de forma eficaz consigo mesmo por meio da autoliderança?".

Ainda que as organizações ampliem a autonomia da pessoa, não terá como torná-la inovadora, corajosa para escolhas mais ousadas. Somente o indivíduo poderá escolher qual direção tomar na sua carreira para realizar uma nova visão, pois toda mudança é uma recriação de si mesmo.

A tendência atual é que todos tenham mais responsabilidade, assumindo mais controle de suas vidas, sendo protagonistas, autores da sua própria vida.

"A verdadeira recriação depende de motivação e da autoliderança tanto de líderes quanto dos seguidores".

Trocar a dependência da carreira pela autoliderança é imperativo e inevitável nas organizações hoje, baseando-se no autoconhecimento e na busca de referências confiáveis.

Nela, um novo contrato profissional é elaborado, sob o qual líderes contribuem para que seus seguidores desenvolvam o domínio de habilidades imprescindíveis ao seu desempenho no século XXI.

A liderança e criatividade caminham lado a lado, alternando a precisão e a análise, para cooperarem nestes universos já conhecidos (pessoas, empresas, equipes).

O senso comum percebe criatividade como algo excêntrico que causa impacto. Na verdade criar é produzir intencionalmente.

O comportamento criativo deve ser de fácil desenho, compreensão, aplicabilidade, resultados e avaliação.

O indivíduo pode utilizar todo seu potencial, por meio do pensamento da tecnocreática, uma dialética harmonizadora dos contrários que interagem em uma síntese, superando todo o contexto ora estabelecido, onde o indivíduo age em seu pensar, acrescido do seu sentir.

A síntese provoca o rompimento de estruturas antigas, oportunizando o presente, o agora. Há que se ter cuidado com a rigidez das estruturas e organizações, pois tendem a impossibilitar o processo criativo. A criatividade repudia a produtividade pela produtividade.

Os instrumentos da criatividade são eficazes por trabalhar com o corpo, a expressão, o jogo, os limites, o inusitado. A aplicação dos ativadores da criatividade na formação de líderes humanizados possibilita a experimentação de todos os canais possíveis, uma reflexão apurada sobre a realidade, o cenário e a expectativa atual de forma realista.

Maria Rita Sales

Mestre em Criatividade Aplicada Total pela Universidade de Ciências da Educação Santiago de Compostela - Espanha (1999). Especialista em Psicologia Organizacional pela FEFACEL/RJ (1989) e em Gestão de Políticas Públicas em Gênero e Raça em curso NEAD-UFES – Universidade Federal do Espírito Santo (em curso - 2011).
Aluna especial no mestrado de História - UFES Universidade Federal do Espírito Santo (2010/2011). Pesquisadora do NEI - Núcleo de Estudos e Pesquisas Indiciários. Graduada em Psicologia pela Federação das Faculdades Celso Lisboa (1988). Educadora, atuando em Instituições renomadas no estado do ES. Consultora especialista em Gestão de Pessoas. Atuou com Psicoterapia na abordagem existencial fenomenológica por duas décadas. Articulista, conferencista, escritora de temas afins à sua expertise.

Email: mariaritaescritora@terra.com.br

Anotações

13

Em busca da vantagem competitiva. Uma sugestão criativa e inovadora para a pequena e média empresa

Quem decide empreender merece respeito e admiração, pois abre perspectivas de futuro para sua família, bem como para as pessoas que empregará. Infelizmente, também é preciso lembrar que muitos sucumbem por falta de atenção aos detalhes, erros de decisão, riscos ou necessidades de mudanças

Mario Divo

Ser + com Criatividade e Inovação

Mario Divo

Certa vez, entrevistado em um programa de TV, perguntaram-me: como diferenciar a moderna prática de gestão em megaempresas com a que verificamos nas pequenas e médias? A curiosidade foi natural, pois, anos após ter sido executivo em uma das maiores corporações mundiais, hoje seguidamente tenho o desafio de ajustar técnicas e conceitos vitoriosos em escala menor.

Metaforicamente, no passado as pessoas compravam produtos de consumo básico em armazéns ou empórios. O cliente era conhecido pelo nome, tinha a caderneta para acerto no fim do mês, o dono da casa sabia como agradar cada pessoa do bairro e fazia promoções a seu jeito. Hoje, existem supermercados e *shopping centers*, paga-se com cartão de crédito, tem-se preferências analisadas por sofisticados sistemas de relacionamento e existe a estrutura voltada ao atendimento. Valor, inovação e diferenciação viraram lema, e o gestor deve reunir competência, formação, liderança, integridade e credibilidade, no mínimo.

As pequenas e médias empresas, doravante as PMEs, muitas vezes mantiveram práticas e ficaram limitadas ao conhecimento de seus criadores. E há pontos essenciais que o gestor deve responder: o que sou e o que quero ser? Para onde quero ir e onde estou indo? Qual é minha proposta de valor? Os atributos de marca são percebidos? Como as pessoas ficam sabendo? Os valores estão associados à marca?

O grande desafio da PME

O gestor deve estar atento às ações de relacionamento com a sociedade, pois a otimização de recursos de Marketing cada vez mais passará pela análise do inconsciente social coletivo. Até 2020, cerca de ¾ da força de trabalho do Brasil será formada por pessoas nascidas ao redor de 1980. A sugestão para lidar com clientes ou consumidores é que bom atendimento não está em manter pessoas jovens com sorriso nos lábios, mas sim expressar a verdade, cumprir o prometido, ser ágil, ter excelente pós-venda e dar liberdade na avaliação da compra. Atendimento e qualidade respondem por mais de 70% das razões de compra, enquanto preço baixo não chega a 10%.

E como sempre há o interesse pela "receita de bolo", ou seja, um resumo de conceitos, práticas e princípios para gerir o negócio, aqui vai uma referência. Em suas escolhas, os clientes se decidem por: (a) diferenciação, qualidade, processos, inovação e tecnologia nos produtos e serviços; (b) SAC, assistência técnica e facilidade de comunicação com a empresa no pós-venda; (c) canais de venda e comunicação com o mercado; (d) qualidade de campanhas de *Marketing* e Comunicação, posicionamento e imagem da marca, confiança, ética, reputação e satisfação, e ainda; (e) governança e responsabilidade social.

DIVO – um modelo criativo e inovador para ajudar a pensar

No modelo **DIVO**, o empreendedor tem a associação simples de ideias para orientar o processo de pensar a sua PME. Abusando da palavra, é quase um *"coaching"* à distância (ou o esquema para identificar o que analisar e como organizar um plano de ação para o cenário atual). Mas atenção: o modelo não dará soluções sem esforço e aplicação, pois somente trará pontos que merecem respostas com honestidade e objetividade. Do contrário, o empresário estará boicotando a própria PME.

No modelo, por princípio, pensar e planejar primam pela definição do posicionamento da PME e a motivação em gerar inovação em processos e produtos, se possível com avanços tecnológicos. Não pela imagem caricata de criar ideias mirabolantes, mas sim o pensar coletivo, conectado à realidade. A inovação voltada a diferenciais e processos mais eficientes. Inovar como renovação, novidade, vantagem competitiva e criatividade. A aceitação de que há uma inteligência distribuída por toda a estrutura produtiva da PME.

DIVO é acrônimo de **D**eterminação, **I**nformação, **V**alores e **O**peração Efetiva. De início, começando por **D**eterminação, temos a palavra-chave que vem antes de colocar o "trem em seus trilhos". Certamente, como se pode imaginar, para atingir o sucesso é fundamental estar determinado a constituir e construir a empresa, ter coragem e resolução para criar o negócio tão sonhado ou para corrigir caminhos da empresa já existente. Mas devemos ampliar nosso entendimento para *"determinar a ação"*.

Grafaremos a etapa como **D**etermin**A**ção. É preciso interagir com a palavra no sentido de demarcar território, decidir como se deseja que a empresa seja vista pelos seus públicos. É ter a indicação precisa do que se vai produzir e para quem, dar o desenho conceitual daquilo que será a PME, ter claro o processo de decisão e entender as suas competências. Saber o que a empresa se compromete a ser (e o que ela não pretende ser), mesmo que sem contornos definitivos.

Depois, pela letra **I** (**I**nformação), vem o processar dados afins à PME para a devida interpretação. É chegar ao melhor conhecimento da realidade que envolve ou envolverá a PME, o mercado, concorrentes, o ambiente político e social que pode interferir na vida da empresa, entre outras questões. O resultado dessa etapa depende do interpretante ter clareza para consolidar esse conhecimento em decisões pertinentes. É uma etapa onde o apoio de um profissional competente pode ser a diferença entre o sucesso e o fracasso.

Haverá intensa interação no jogo de letras chamado **DIVO**. Mas **D**etermin**A**ção e **I**nformação, em especial, requerem um vai-e-vem dinâmico. Um processo interativo até que haja a definição clara sobre o negócio. Para os mais exigentes, o produto desse trabalho é um plano formal de negócios. Para o escopo de uma PME, ainda que não formatado "como manda o figurino", deve-se respeitar a consistência entre o que deseja o empresário e a viabilidade de se chegar lá.

Depois, a letra **V** estará associada a **V**alor. Devemos identificar as oportunidades de gerar valor para a empresa, ao seu dono (ou donos, ou acionistas) e aos clientes. Também se deve pensar na visão de valor levada à sociedade. Outra forma de explicar este ponto é: que decisões são relevantes para deixar os donos e os clientes mais satisfeitos com a empresa e como ela pode ter o valor de mercado ampliado? Eis aqui um esquema lógico para esse objetivo:

- Gerar valor para a empresa exige determinar a visão de futuro, a missão, os valores e um guia básico de princípios que determinam o comportamento da empresa perante a sociedade, os objetivos, o posicionamento, os pontos fortes e fracos, as oportunidades de inovar no relacionamento com parceiros e fornecedores, os relacionamentos institucionais e as opções estratégicas da PEM;
- O dono (ou acionista) verá a geração de valor pela viabilidade do negócio e a adequação das fontes de receita, de um planejamento orçamentário efetivo, com a otimização de custos e despesas, a criação e acompanhamento de indicadores de resultados (financeiros, econômicos, orçamentários, operacionais e de retorno sobre investimentos);
- Quanto a clientes, agregar valor envolve o repensar inovador e criativo para o *portfólio* de Produtos e Serviços, eficiência na operação, diferenciação associada às marcas, programa de relacionamento e acompanhamento de satisfação, facilidades de comunicação com a empresa, gestão da marca e um "amigável" plano de *Marketing* e Comunicação integrado a Vendas;
- Enfim, gerar valor no que diz respeito às pessoas e à sociedade está em garantir uma empresa com transparência, ética e respeito à legislação e ao ecossistema.

É importante entender que não basta contratar um profissional de *Marketing*, Comunicação e/ou de Vendas para alavancar o negócio se, por outro lado, o básico do processo de gestão estiver relegado.

Ser + com Criatividade e Inovação

O empreendedor que agir pensando só em aumentar o faturamento, sem se dedicar à gestão eficiente corre o risco de, em pouco tempo, ficar desesperado com problemas de toda ordem. Isto não é simples teoria, é um fato corriqueiro que o mercado de qualquer atividade produtiva conhece muito bem.

Finalizando, temos a letra **O,** de **O**peração Efetiva. É a ação que produz efeitos e leva a resultados. É a transformação de insumos em bens e serviços por processos estruturados, seguida de sua comunicação, distribuição e comercialização. Lembremos que é neste estágio que premissas do planejamento "entram no jogo", o que exige acompanhamento sistemático dos resultados em processos produtivos – incluindo inovação, diferenciação e segmentação, opinião pública e gestão de marcas, praças e logística, preços e fluxo de caixa, comunicação e programas de relacionamento, gestão de talentos e do conhecimento (atenção ao público interno para integrar, motivar e aumentar a produtividade);

Conclusão

Quem decide empreender merece respeito e admiração, pois abre perspectivas de futuro para sua família, bem como para as pessoas que empregará. Infelizmente, também é preciso lembrar que muitos sucumbem por falta de atenção com detalhes, erros de decisão, riscos ou necessidades de mudanças. Não se pode fazer tudo sempre igual, pois uma gestão competente da PME precisa entender as alterações de comportamento de seus públicos.

O empreendedor pode optar por um entre vários dos modelos existentes para apoio ao pensar a gestão da PME, mas criamos aqui um caminho particularmente prático e objetivo.

O ciclo de realizar, controlar, corrigir, adaptar e realizar tudo de novo é muito dinâmico. O processo de enriquecer a relação da empresa com os clientes será bastante facilitado se o planejamento orientar-se pelas palavras mágicas do modelo **DIVO**: **D**eterminAção, **I**nformação, **V**alor e **O**peração Efetiva.

Mario Divo

    Mario Divo é *coach*, consultor e palestrante com foco em Gestão de Negócios, Marcas, Marketing e Comunicação. Presta serviços pela MD Consultoria e a MDM Editora. Ex-presidente da Associação Brasileira de Marketing & Negócios (1997/99). Ex-secretário de Planejamento de Comunicação Social da Presidência da República (1997-98). Ex-superintendente de comunicação institucional da Petrobras, com atuação no Brasil e no exterior. Primeiro brasileiro no Alumni Hall of Fame da AIESEC Internacional, presente em 107 países. Membro da Organização do Prêmio Jabuti (2005/07). Conselheiro da Câmara Brasileira do Livro (2007/09).

Site: www.mariodivo.com.br.

Anotações

14

Criatividade e inovação nas empresas

Contrariamente ao que parece, a criatividade e a inovação nas empresas não dependem (apenas) do potencial criativo dos seus colaboradores. Há toda uma dinâmica organizacional que facilita ou inibe o potencial inovador de uma organização

Paulo Balreira Guerra

Ser + com Criatividade e Inovação

Paulo Balreira Guerra

Tornar as coisas simples é normalmente resultado de um trabalho muito complexo

No contexto conturbado em que as crises econômicas e políticas se sucedem, as empresas veem-se na contingência de estarem constantemente em busca de novas soluções para responderem à mutabilidade da envolvente.

Crise após crise, de todos os recursos internos da empresa, por melhor que seja o seu potencial financeiro e/ou tecnológico, aquele que permite à empresa encontrar os "mecanismos" necessários para inovar e responder às vicissitudes das novas realidades que se lhe deparam, são os seus Recursos Humanos, mais especificamente o potencial criativo das pessoas que trabalham na empresa.

Não estamos nos referindo à face visível da criatividade e da inovação que se manifesta no lançamento de produtos e serviços inovadores, de excelentes campanhas publicitárias ou estratégias de *marketing*. Estamos, sim, nos referindo ao que está na origem de tudo isso que, em alguns casos, é perceptível pelo exterior, mas na maioria das vezes é perfeitamente indecifrável: a dinâmica interna de uma empresa em prol da criatividade e da inovação.

Tratam-se de milhões e milhões de pequenas gotas que, imperceptíveis a olho nu, no seu conjunto formam um mar de novas ideias, soluções, métodos e maneiras de ser e estar face ao mercado e que permitem à empresa manter-se na crista da onda.

O inconsciente coletivo que envolve as pessoas de uma empresa na senda da criatividade e da inovação manifesta-se, na prática, em "coisas" muitos simples. Todavia, "as coisas simples são resultado de um trabalho muito complexo" que, neste caso, para a compreensão desta problemática, nos leva a analisar como estes conceitos são trabalhados nos diversos níveis organizacionais (ver Figura 1).

Pressupondo que, segundo os princípios sistêmicos, o desenvolvimento organizacional é o resultado das dinâmicas dos níveis que o compõem e vice-versa (Figura 1), compreender a dinâmica empresarial em prol da criatividade e da inovação de uma organização passa por compreender as melhores práticas que as empresas inovadoras desenvolvem nos diversos níveis que as compõem.

Figura 1

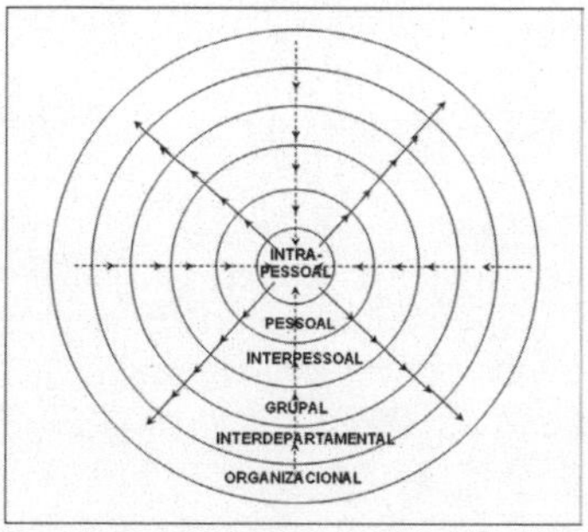

Ser + com Criatividade e Inovação

Os Níveis Intrapessoal e Pessoal – O Âmago do Potencial Criativo

O centro nevrálgico da criatividade é o cérebro humano, nomeadamente os modelos de processamento associados à metáfora do hemisfério direito. As empresas inovadoras procuram atrair, reter e desenvolver pessoas com fortes aptidões de "pensamento analítico", raciocínio divergente e pensamento lateral que convirjam numa estrutura de thinking outside the box ("pensar de forma não convencional") O estímulo destas atividades cerebrais é ainda maximizado por metodologias de trabalho que estimulem o cérebro como um todo, onde se destaca o recurso ao Mapa do Pensamento ("Mindmap") como técnica de planeamento, organização, anotação e apresentação.

Para além de tecnicamente exemplares – muitas vezes o perfeito domínio técnico é crucial para a incubação de um problema durante um processo criativo – e, portanto, com um bom nível de Inteligência Racional, os sujeitos criativos possuem uma gestão emocional equilibrada que lhes permite aceder ao potencial da Inteligência Emocional e à "intuição criativa" que esta lhe proporciona.

O domínio emocional, indispensável ao ato criativo, é um fator cada vez mais valorizado na seleção das pessoas para trabalhar em empresas inovadoras. Mas... isto não basta. As empresas inovadoras tendem a dar a formação nas áreas do desenvolvimento pessoal e da gestão intrapessoal de forma a dotar os seus colaboradores de ferramentas de gestão emocional. Sendo hoje claro que as emoções negativas inibem o potencial cerebral e criativo (geram a chamada inibição cortical), o cultivar e alimentar o autoconceito do indivíduo criativo, o quebrar dos medos e resistências, desenvolvendo a coragem de "pensar diferente", com uma atitude positiva orientada para a solução de problemas e constante procura de resultados, consolida uma maneira de ser e de estar em que o "impossível é aquilo que nunca se tentou".

O domínio e a utilização diária de um conjunto de técnicas individuais de criatividade e resolução de problemas são elementos indispensáveis para a operacionalização da prática criativa e inovadora (ver Figura 2).

Os Níveis Interpessoal e Grupal – Um Clima Propício ao Potencial Criativo

Parece ser evidente que de nada serve uma forte componente de criatividade individual se as relações interpessoais e o ambiente grupal "castrarem" esse potencial criativo. Aliás, uma dinâmica de relações que facilite a espontaneidade criadora é um estímulo para que os menos criativos passem a criar (ver Figura 2).

Deste modo, o clima que envolve as pessoas nas suas transações relacionais deve estimular a criatividade ou, no mínimo, não ser um bloqueio. A comunicação fluente e baseada numa crítica construtiva, com rituais grupais de partilha das práticas de sucesso são elementos indispensáveis para fazer florescer forças de dinâmica grupal que façam progredir os grupos na direção da procura de soluções inovadoras e criativas.

As empresas inovadores têm tendência para apresentar estruturas mais horizontais, estimulando o trabalho em equipe. A clara consciência do papel de cada um no grupo e a noção de que o "todo (o grupo) é maior do que a soma das partes (cada um dos indivíduos)" potenciam a procura conjunta de melhores alternativas de ação face a um problema, recorrendo com grande frequência à utilização de técnicas grupais de criatividade e resolução de problemas.

Todavia, para além do aspecto formal de uma estrutura que, por ser mais nivelada, permite relações interpessoais mais equilibradas, uma característica fundamental para a otimização do potencial inovador das pessoas e/ou equipe é a relação chefe-subordinado e a própria organização do trabalho.

Está cientificamente comprovada a forte relação entre a motivação intrínseca dos indivíduos e o potencial criativo. Uma relação de trabalho que desenvolva nos indivíduos o sentimento de autodeterminação (autonomia) do que fazem no trabalho e/ou o sentimento de que são competentes naquilo que fazem (são "bons" no que fazem) aumenta a motivação intrínseca do colaborador no trabalho. Neste contexto, as organizações inovadoras tendem a valorizar a autonomia dos seus colaboradores e os seus responsáveis procuram desenvolver um clima de total responsabilização da pessoa-trabalhador, orientando o seu feedback por uma estrutura positiva. O acompanhamento do colaborador baseia-se numa estrutura formalizada de coaching, no qual o "treinador" desenvolve ações de treino grupal e individualizado, mobilizando os seus recursos humanos na direção do projeto de empresa, cultura e valores e dos objetivos de negócio, com base num modelo de liderança transformacional em que o líder assume o papel de gestor do seu mercado interno (o conjunto dos seus colaboradores), procurando reter e desenvolver os seus clientes internos.

O Nível Interdepartamental – A Luta pelo Melhor para a Organização

Um grande bloqueio à inovação nas organizações surge quando passamos das ideias produzidas ao nível grupal ou departamental para o nível interdepartamental. Se as ideias em questão envolvem outros departamentos (outros grupos) e na empresa está instituída a "gestão do meu departamento", surgem imediatamente forças de resistência à ideia, sustentadas em lutas de poder egocêntricas consubstanciadas numa lógica de que "aqui mando eu". Este é, aliás, um dos elementos que faz com que algumas empresas tenham um grande potencial criativo, mas que não consigam inovar. Ou seja, conseguem produzir muitas ideias (criatividade), mas não as conseguem transformar em novas ações (em "inov-ação").

Para preencher este desperdício de boas ideias, as empresas inovadoras desenvolvem práticas internas que estimulam o fluxo de comunicação interdepartamental, incentivando o relacionamento interpessoal entre os diversos departamentos, partilhando constantemente os sucessos internos. Equipes de trabalho pluridepartamentais, no interior da empresa e atividades (desportivas, culturais etc.) fora do contexto organizacional são facilitadoras do intercâmbio departamental. É também política corrente a carreira em zig-zag e o cross function entre os diversos departamentos.

Por outro lado, é importante salientar que não estamos falando de uma "paz podre". A inovação resulta muitas vezes de uma forte e coerente discussão. Perfeitamente alinhados com os objetivos de negócio e com o seu papel na empresa, as relações interdepartamentos são naturalmente conflituosas. Trata-se de um conflito manifesto em que se procura intransigentemente que as novas ações (inovação) se reflitam na prática em resultados com valor acrescentado para a empresa. O conflito é claramente assumido e encarado de uma forma positiva. Conjugados os interesses conflitantes, toda a empresa fica de alma e coração na implementação e

Ser + com Criatividade e Inovação

concretização da nova ideia (ver Figura 2).

Figura 2

Nível Intrapessoal e Pessoal	Nível Interpessoal e Grupal	Nível Interdepartamental	Nível Organizacional

• Otimização do potencial cerebral
• Gestão das emoções (Int. Emocional)
• Quebrar bloqueios
• Desenvolvimento pessoal
• Gestão operacional do desempenho individual
• Orientação para soluções: nada é impossível
• Domínio de técnicas individuais de criatividade e resolução de problemas
	• Clima informal
	• Comunicação fluente e construtiva
	• Partilha das melhores práticas
	• Trabalho em equipe
	• Relação "chefe"-subordinado:
	  - Autonomia
	  - *Feedback* positivo
	  - Responsabilização
	  - *Coaching*
	  - Consideração individualizada
	• Domínio de técnicas de criatividade e resolução de problemas em grupo
		• Forte fluxo de comunicação interdepartamental
		• Partilha das melhores práticas
		• Equipes pluridepartamentais para resolução de problemas
		• Políticas de *cross function* e carreiras em zig-zag
		• Atividades comuns fora do contexto empresarial
		• Assunção do conflito
		• Forte alinhamento com os objetivos organizacionais
			• Gestão integrada
			• Gestão da cultura:
			  - Valores
			  - Padrões de comportamento
			• Gestão do desempenho:
			  - Objetivos e competências que potenciem a inovação
			  - Valorização do desempenho criativo
			• Gestão do conhecimento e da aprendizagem organizacional
			• *Benchmarking*
			• Gestão da mudança

O Nível Organizacional – O Quadro de Bordo Rumo à Criatividade e à Inovação

Para que o que referimos anteriormente seja uma realidade, a gestão e as políticas organizacionais têm que facilitar e incentivar a criatividade e a inovação (ver Figura 2).

Os princípios que suportam a gestão da cultura são perceptíveis através de valores e padrões de comportamento que estimulam o inconsciente coletivo rumo à criatividade e à inovação. Os rituais de cultura, as histórias, os heróis e todo o simbólico que caracteriza a cultura da empresa incentiva uma maneira de ser e de estar para superar os desafios através do potencial criativo, cultivando o "sonho" organizacional de permanente inovação.

As carreiras e sistemas de recompensas estão consubstanciados num sistema de avaliação do desempenho que possui objetivos de equipe e individuais, bem como competências que valorizam/premeiam a criatividade e a inovação.

Em alguns casos são notórias as remunerações variáveis de acordo com o desempenho, o horário de trabalho flexível e a políticas de conciliação trabalho-família.

Estas empresas têm processos claros de partilha de conhecimento e empreendem as mais variadas ações com o intuito de potenciar a sua própria aprendizagem. Têm uma política de formação muito consolidada, que ocupa todos os seus colaboradores vários dias por ano.

Para além de procurar aprender com os seus erros e sucessos, têm a humildade suficiente para aprender com os sucessos alheios, estando permanentemente com os "olhos" no exterior. A aptidão para a mudança é incentivada, lutando constantemente contra a tendência para o status quo que o sucesso possa induzir.

Em suma, as empresas inovadoras não estão "inventando a roda". Recorrem a um conjunto de pequenas coisas ao dispor de qualquer organização. Têm uma pequena diferença: conseguem alinhar o pensamento criativo e o ato inovador em todos os níveis organizacionais. Esta pequena diferença pode fazer a grande diferença nos resultados de negócio e, no contexto atual, a diferença entre a sobrevivência ou extinção de uma empresa ou grupo empresarial.

Paulo Balreira Guerra

Licenciado em Psicologia Social e das Organizações (ISPA - Lisboa). Pós-graduação em Gestão Integrada do Conhecimento, Capital Intelectual e Recursos Humanos (Universidade Politécnica de Madrid). Diploma de Estudos Avançados em Psicologia Social (Universidade de Cádiz). Doutorando em Ciências do Trabalho (Universidade de Cádiz). Formação e Desenvolvimento de Recursos Humanos (ISPA - Lisboa). Formação de Adultos (FPCE - Lisboa). Ensino Acelerado (EUA / FIN); *Mind-Mapping* (EUA). Sugestopedia (AUT); *"Practitioner Certification"* em PNL (EUA). *"Master Certification"* em PNL (EUA); *"NLP Training & Consultancy Certification"* (ENG). Áreas de Especialização: *Coaching*; *NLP Training*; Liderança; Gestão do Tempo; Comportamento do Consumidor; Gestão Intrapessoal - Gestão do Estresse; Vendas & Negociação; Ensino Acelerado; Desenvolvimento Organizacional; Formação Pedagógica. Autor do livro *O Cliente Não tem Sempre Razão, Mas... tem Sempre Emoção!* – 2010. Coautor dos livros *Novo Humanator – Recursos Humanos e Sucesso Empresarial* (2007), *Ser+ com PNL* (2010), *Ser+ com T&D* (2010) e *Ser+com Coaching* (2011).

Sites: www.forcerebrus.com / www.paulobguerra.com
E-mail: paulo.b.guerra@forcerebrus.com
Telefones: 351 21 924 11 89/ 351 21 924 23 59

Anotações

15

Aprenda a ser mais criativo agora! Técnicas e segredos

"Criatividade é como ginástica: quanto mais se exercita mais forte fica"
Walt Disney

Prof. Douglas de Matteu

Prof. Douglas de Matteu

Uma das indagações que gravitam em torno da temática **criatividade** é: Como potencializar a nossa criatividade? Para responder essa enfática questão, primeiramente se faz necessário refletir sobre o tema: O que é criatividade? Todos nós somos criativos? A criatividade é inata ou pode ser adquirida? Inicialmente, compete salientar que a palavra *criatividade* está atrelada a criar, fazer, produzir, engenhar, crescer, ter originalidade. Apresento aqui uma evidência científica: Walther Hermann, em 1999, cita uma pesquisa realizada pela *Head Start* com aproximadamente mil e seiscentas (1600) crianças, que revelou: 98% delas, com idade entre três e cinco anos, apresentaram desempenho de criatividade correspondente à genialidade; cinco anos depois, somente 32% dessas crianças possuíam grau de gênio; numa terceira aplicação, após mais cinco anos, apenas 10% ainda permaneciam "gênios". Para finalizar, foi realizado um teste com uma amostra aleatória de adultos com mais de vinte e cinco anos de idade, que revelaram apenas 2% de desempenho de "gênios" (HERMANN, 1999, p.64). Conforme destacado pelo autor, a capacidade criativa é elevada quando somos crianças e vai diminuindo gradativamente. Talvez essa diminuição seja decorrente dos paradigmas e dogmas sociais contemporâneos impressos em nossa mente. Paralelamente e antagonicamente essa mesma sociedade demanda dos profissionais elevada capacidade criativa.

Nesse sentido, acredito que podemos liberar nossa essência criativa por meio de técnicas, da mesma maneira que você aprendeu a falar, escrever e ler, pode também aprender a ser mais criativo.

Logo, talvez todos nós possamos desenvolver a capacidade de criar. Evidentemente que algumas pessoas têm maior facilidade em criar que outras, porém, todos possuem essa capacidade. De fato, existem pessoas que simplesmente preferem dizer "eu não sou criativo", "isso não é pra mim".

Sendo assim, Roger Von Oech (1999), destaca os bloqueios que impedem a criatividade:

• A resposta é certa	• É proibido errar
• Isto não tem lógica	• Brincar é falta de seriedade
• Siga as normas	• Isso não é da minha área
• Seja prático	• Não seja bobo
• Evite ambiguidades	• Eu não sou criativo

De acordo com autor, as pessoas acabam se limitando ao pensar em certo ou errado, lógico e ilógico, em normas. O medo de errar ou de se expor e receber algum rótulo por uma ideia boba pode congelar sua capacidade de criar. Para acessar a criatividade recomenda-se utilizar a referência da psicogeografia, ou seja, desenvolver um sentimento de estar em um "ambiente seguro", onde possa "externalizar" suas ideias, onde o certo e o errado não existam. Para evidenciar que a criatividade está diretamente ligada à nossa percepção, lanço o desafio do cubo. Analise e responda sem pressa a questão: Qual número aparece na face frontal do cubo?

Pense, olhe atentamente. Sua resposta pode ser o número 1 ou o 2. Se você visualiza o número 1 à frente, concentre-se e tente colocá-lo para face de trás do cubo; se você percebeu que é o 2 que está na frente, tente visualizar novamente, porém com ele estando na parte de trás do cubo... Conseguiu? Perceba que o 1 e o 2 estão na frente e atrás,

Ser + com Criatividade e Inovação

tudo é uma questão de percepção, de ponto de vista. Não existe certo e errado nesse sentido. Apenas olhares diferentes. A criatividade está na percepção sem o julgamento de certo ou errado; só visualize à sua ótica e compreenda o olhar dos outros.

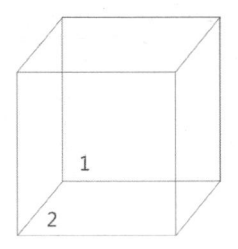

Agora, apresento o processo criativo que, para tanto, será considerado referência de Roger Von Oech (1994,1999), que desenvolveu a metáfora criativa para sistematizá-lo.

Para recuperarmos nossa essência criativa, podemos considerar, em linhas gerais, que o processo criativo pode ser traduzido no ato de investigar, transformar, avaliar e pôr em prática suas ideias. Assim vamos estimular sua imaginação. Proponho a imaginar, durante o processo criativo, que você deverá incorporar quatro personagens: o explorador, o artista, o juiz e o guerreiro. Esses personagens sintetizam o processo. Assuma o comportamento de cada um deles e torne-se mais criativo:

- **Explorador:** tem como característica principal investigar. Identifique claramente seus objetivos, amplie sua visão, busque informações da sua área e de outras áreas do conhecimento, pois posteriormente você poderá fazer pontes entre as ciências; leia livros, participe de eventos culturais, quebre a rotina, busque novidades e caminhos diferentes. Seja curioso, procure constantemente por respostas, faça perguntas. Assuma o compromisso de ter ideias aos montes, economizá-las é como poupar sorrisos para não gastar, descubra as que você tem e faça uso das que já teve. Evite subestimar o óbvio.
- **Artista**: tem como característica principal transformar, criar. Tenha imaginação fértil, ouse, não siga regras, desenvolva a capacidade de adaptar, adicionar, reduzir, associar, conectar, ou simplesmente inverter as coisas e o contexto. Estimule e solte a imaginação, considere ângulos diferentes. Compare! Crie uma metáfora para sua ideia, use a intuição, ouse fazer diferente.
- **Juiz**: a figura do juiz tem como essência avaliar as idéias desenvolvidas anteriormente. Ao considerar: "para que serve esta ideia?", ou seja, sua utilidade, avalie as vantagens e desvantagens, a probabilidade de êxito da ideia, o contexto, isto é, o mercado; avaliando também ideias semelhantes, e a possibilidade de fazer ajustes, flexibilizar, sendo sensato, crítico e objetivo.
- **Guerreiro**: acredita na ideia e a defende com coragem e amor. Faça acontecer, vá para a guerra com o objetivo de vencer, porém, desenvolva um bom plano. Seja ousado, realizador, batalhador. Seja persistente e não teimoso. Você sabe qual a diferença? O teimoso faz sempre as coisas do mesmo modo e quer ter resultados diferentes, já o persistente tem a capacidade de mudar as estratégias sem perder o foco. Logo, seja persistente, venda a sua ideia, livre-se de desculpas, pretextos, impedimentos e faça acontecer.

Prof. Douglas de Matteu

Os personagens do processo criativo

```
        Explorador
   Guerreiro  Processo  Artista
             Criativo
           Juiz
```

Fonte: Roger Von Oech, 1994 - Adaptado

- Diante do exposto, peço que se lembre sempre, e nunca se esqueça, das figuras do explorador, do artista, do juiz e do guerreiro para potencializar sua capacidade criativa. Essa metáfora é um modo criativo de sintetizar o processo.

Agora que você já conhece o processo criativo, apresento algumas "palavras mágicas" que podem "transformar" seu cotidiano estimulando sua criatividade. O grande "poder", a "magia", não está nas palavras e sim aonde elas podem te conduzir, e no modo como vai utilizá-las.

Desse modo, chamo sua atenção para que leia e visualize situações onde você possa aplicá-las, assim você poderá sentir, e talvez até ouvir, sua aplicação, o que contribuirá significativamente para uma maior assimilação:

- **E o que mais?:** uma simples pergunta que pode fazer você acessar ricas ideias e sentimentos que estão dentro de ti sempre que pensar em uma resposta. Acrescente de um a três "e o que mais?" Essa pequena indagação pode te conduzir para uma maior profundidade sobre o tema e/ou te levar a oferecer algo mais. Isso é extremamente relevante para o processo criativo.
- **Talvez...:** a palavra *talvez* atua como neutralizador de crenças, como mencionado anteriormente, temos enraizado no nosso consciente e inconsciente diversos dogmas que vêm se acumulando com o passar dos anos. Essas crenças muitas vezes nos limitam, em especial nossa capacidade criativa. Tendo isso em vista, te convido a acreditar que, talvez, você possa potencializar os seus resultados a partir desta leitura. Faz sentido pra você? O *talvez* instala uma dúvida sobre a crença e permite você acessar outras janelas da sua mente, consciente e inconsciente.
- **O que te impede?:** "Eu não posso fazer isso... que loucura...". Mais uma vez estamos presos ao modelo mental que nos engessa na forma de pensar: **o que impede** você de escrever um livro? De realizar os seus sonhos? Reflita: será que os maiores limitantes de nossa vida estão no mundo real ou no universo de nossa mente?
- **E se...:** outra ferramenta poderosíssima é o "**e se...** eu tivesse o recurso para por essa ideia em prática?"; "**e se...** fizer isso..."; "e se..." pode te

Ser + com Criatividade e Inovação

levar a examinar sobre outras perspectivas e até ultrapassar barreiras. O "e se..." faz você contornar as pedras que emergem no processo criativo. **E se** você não tivesse medo, o que poderia fazer?

Estes quatro questionamentos podem te levar a acessar ideias fantásticas e contribuir significantemente para o desenvolvimento da sua criatividade, que é fundamental para se destacar como um profissional inovador. Dessa forma, torna-se relevante compreender o processo criativo e suas variáveis. Aqui a proposta é apresentar o processo e alguns segredos adicionais para que amplie sua capacidade de criar e inovar. Faz-se necessário, neste contexto, também diferenciar *criatividade* de *inovação*. Criatividade esta relacionado ao **pensar algo novo**, como uma ideia nova; já a inovação está ligada a **fazer algo novo**, produzir, por exemplo, a geração de um produto. Mais do que pensar algo novo, as organizações almejam a inovação, ou seja, aplicação. O produto entregue, que transforme o pensar algo em o um novo conhecimento explícito, e/ou o desenvolvimento de um novo produto e/ou serviço. Ou ainda uma utilidade prática para sua ideia.

Inovar talvez seja uma das maiores preocupações das organizações contemporâneas, para exemplificar, temos a obra de Kim e Mauborgne, (2005) *A Estratégia do Oceano Azul*, onde os autores narram a necessidade emergente de inovar, criar novos mercados, para tornar a concorrência irrelevante gerando uma nova demanda. Sinalizam a perspectiva criativa alicerçada em: eliminar, reduzir, elevar e criar. Isto é, muitas vezes , o foco está em fazer algo novo, criar e, talvez, se você puder mudar esse foco e pensar em outras perspectivas, como reduzir algo já existente e que possa dar resultados surpreendes.

Como exemplo, há o *twitter*, que hoje é um grande negócio, uma ideia que surgiu e reduziu um conceito já existente, o *blog (diário)* para um micro*blog*, ou seja, um microdiário de 140 toques tornando-se um sucesso na internet.

Para finalizar, digo que o mais poderoso da vida está nas pequenas coisas. E talvez esse pequeno capítulo do livro possa transformar a sua vida. Faz sentido pra você?

Rogo para que fique com a intenção positiva de cada palavra aqui descrita, e que consiga senti-las e ouvi-las. Agora convido você a exercitar sua mente e começar a criar. Pense nas técnicas apresentadas e como você poderá aplicá-las no seu dia a dia.

Exercite seu cérebro e desenvolva sua criatividade, inove, coloque em prática o que foi discorrido aqui e lembre-se de sempre se lembrar e nunca esquecer. Eu acredito em você 200%!

Bibliografia

KIM, W.Chan Kim; MAUBORGNE, Renné. A Estratégia do Oceano Azul. Rio de Janeiro: Campus, 2005.

OECH, Roger Von. Um "toc" na cuca. São Paulo: Cultura, 1999. / Um chute na rotina. São Paulo: Cultura Editores Associados, 1994.

Prof. Douglas de Matteu

Mestre em Semiótica, Tecnologias da Informação e Educação, especialista em *Marketing* e em Educação a Distância, pós-graduando em Gestão de Pessoas com *Coaching*, Administrador de Empresas, formado em *Marketing* e Promoção de Vendas. *Professional Self Coach* e *Business and Executive Coaching* pelo Instituto Brasileiro de *Coaching* com reconhecimento internacional pelo ICI – *International Association of Coaching Institutes*, ECA – *European Coaching Association* e GCC – *Global Coaching Community*. Docente na Fatec de Mogi das Cruzes, Universidade de Mogi das Cruzes, Faculdade Unidade de Suzano - UNISUZ e em cursos de pós-graduação. Atuante nas áreas de Administração, *Marketing*, Comercial e Desenvolvimento Humano/*Coaching*. Desenvolve treinamentos *in company*, palestras, *Coaching* e Consultoria. Presidente da Associação Brasileira dos Profissionais de *Marketing* (ABPM).

Site: www.douglasmatteu.com.br / www.abpmarketing.com.br
E-mail: douglasmatteu@hotmail.com
Telefone: (11) 3419-0585
Blog: http://douglasmatteu.blogspot.com

Anotações

16

Central de Treinamento: para inovar na comunicação com seu público e usar de forma criativa e adequada as ferramentas de treinamento

Cuidado! Os modelos e paradigmas adotados pelas organizações tornam o ambiente limitado. Manter a atenção e o foco em novos rumos, desafios e oportunidades com base em suas crenças e valores pode contribuir para o crescimento e o desenvolvimento de todos. Na vida pessoal e na sociedade, idem! A comunicação adequada é a sua aliada!

**Roberto Degregório Gerônimo
& Marcílio Leite Neto**

Ser + com Criatividade e Inovação

Roberto Degregório Gerônimo
& Marcílio Leite Neto

"Quando nascemos fomos programados/a receber o que vocês/nos empurraram com os enlatados/dos U.S.A das nove às seis" - música *Geração Coca-Cola*, de Renato Russo.

Dentre os inúmeros significados da frase acima, gostaríamos de destacar os paradigmas, os modelos e, por que não, as regras que, uma vez impostas no passado para atender alguma necessidade específica da época, perdem o sentido de permanecer válidas, porém, muitas vezes continuam seguidas à risca sem nem percebermos o real motivo de realizar determinadas tarefas ou procedimentos.

Quantas vezes nos pegamos cumprindo algum procedimento sem saber ao certo por que ele deve ser feito de tal maneira? Quantas vezes deixamos de literalmente reformar a maneira de nos comunicarmos, apenas por estarmos inseridos no mundo corporativo, no qual a formalidade e a modernidade tendem a ser antagonistas?

Gostaríamos de destacar um trabalho realizado no mercado em que atuamos há 10 anos, no setor farmacêutico, e que pode e deve ser aplicado a qualquer tipo de organização e segmento. Trata-se do modelo "Central de Treinamento".

A "Central de Treinamento" tem como objetivo atuar em treinamento, qualificação, capacitação e desenvolvimento de colaboradores da área de vendas, através de métodos funcionais e dinâmicos de aprendizagem vivencial (abordagem educacional que envolve de forma ativa o colaborador no processo de aprendizagem). Desprendido de estereótipos e paradigmas herdados da cultura do mercado farmacêutico, este modelo procura trabalhar de modo que todos os colaboradores se sintam felizes, envolvidos e motivados, abrindo precedentes para maior absorção e aplicação dos conceitos, facilitando a comunicação e a busca dos objetivos da empresa.

A "Central de Treinamento" tem como ferramentas a criatividade, o conhecimento e o senso crítico, sendo aplicados substancialmente através do lúdico e da aprendizagem vivencial, que têm como função essencial a busca pela identificação, com uma linguagem comum e uma narrativa de fácil entendimento, que chame atenção para os assuntos sérios e importantes. Para isso, conta com uma abordagem dinâmica e divertida, desenvolvendo ainda mais a maturidade e o envolvimento ativo da sua Força de Vendas.

A abrangência do modelo permite usar como material de aprendizagem vivencial jogos, músicas, simulações, RPG (*role playing game*), métodos de casos, filmes, quadrinhos, dublagens de filmes, projetos de pesquisas e exercícios estruturados, visando a uma submersão no tema abordado, ampliando as possibilidades e traçando diferentes perspectivas sobre o mesmo assunto, evitando horizontalizar e engessar os processos que dependem do toque e da particularidade de cada colaborador. Dentro das empresas, uma "Central de Treinamento" deve se tornar uma ferramenta facilitadora para agregar valores e pôr em prática a filosofia de inovar, criar e principalmente quebrar paradigmas, por meio de ações voltadas diretamente aos colaboradores, que elucidam as necessidades reais do dia a dia.

Trata-se de um afinamento da comunicação da Força de Vendas para com a empresa. É um *feedback* integral e de mão dupla (fazendo uma síntese sobre o que realmente é mais importante e deve ter atenção especial, o que faz a diferença no corrido cotidiano do representante e o que vende na prática, o que a empresa necessita, como quer ser vista, o que considera importante, prioritária e de que forma faz questão que isso seja aplicado).

Existem diversas ferramentas, ações e aplicações que podemos citar, porém, listamos abaixo alguns itens que podem contribuir com a construção de uma "Central de Treinamento" em sua empresa:

Pesquisa com o seu público-alvo: o início de tudo deve ser uma pesquisa com o seu público-alvo. O objetivo desta etapa é conhecer o seu cliente interno, quais são os tipos de ferramentas e materiais que, na opinião deles, funcionam ou não funcionam, o que realmente tem utilidade no momento do aprendizado, o que faz a real diferença no momento da venda de um produto, qual a faixa etária, qual o sexo predominante, o *hobby* preferido, quais as formas e características de aprendizado do seu interlocutor.

Visual: pessoas com preferências visuais. Precisam ver para crer;

Auditivo: pessoas com preferências auditivas. Precisam de algo que fale com/para elas;

Sinestésico: pessoas com preferências sinestésicas têm a necessidade de sentir;

Comunicação visual: visa criar uma comunicação impactante e, ao mesmo tempo, simpática e eficiente na busca de um novo conceito de comunicação visual para o departamento. Para isso, vale criar novas linhas de linguagem, por exemplo, uma mascote. Esta comunicação faz o treinamento ser melhor percebido, envolve o colaborador e cria uma identidade para a Força de Vendas. A nossa comunicação visual está presente em todos os nossos materiais, desde vinhetas, portal, elementos gráficos, *e-mail* padrão, *slides* mestres, *templates*, camisetas, ambientação e cenário durante cursos etc.

Roberto Degregório Gerônimo
& Marcílio Leite Neto

Central de *games*: pode-se introduzir os jogos de treinamento durante os cursos, aulas, integração e reuniões. Os primeiros jogos que trabalhamos foram o *Banco de Conhecimento*, uma versão do tradicional *Banco Imobiliário*; e o *Jogo da Conquista*, outra versão do conhecido WAR. Os jogos são ferramentas poderosas para o treinamento de competências e para a assimilação de novos conceitos. Os jogos eletrônicos também são de extrema importância, visto os avanços deste nicho e os benefícios que oferece. Veja algumas razões apresentadas por André Zatz pelas quais vale a pena utilizar jogos em seu treinamento:

Os jogos são uma alternativa diferente às aulas expositivas tradicionais;

- O aprendizado por meio de jogos é mais eficiente do que o aprendizado tradicional, permitindo aprender em menos tempo.
- Os jogos, sobretudo as simulações, sintetizam processos reais de modo simplificado e concreto, contribuindo para a assimilação de conceitos abstratos;
- Os jogos, sobretudo as simulações, podem ajudar os participantes a identificar atitudes e modos de agir que poderiam ser corrigidos;
- Os jogos de perguntas e respostas auxiliam na fixação de conteúdo como, por exemplo, as características dos produtos da sua linha;
- Os jogos contribuem para tornar o clima leve e descontraído, sem exposição, embora possa abordar temas sérios, o que pode tornar uma semana de treinamento mais leve;
- Os jogos promovem a cooperação entre os membros de uma mesma equipe, o que é fundamental em qualquer ambiente de trabalho;
- Os jogos têm grande efeito de integração entre os participantes.

Rádio da Central: um dos veículos de massa de maior aceitação mundial, a rádio até hoje se mantém como um dos principais veículos de comunicação e atinge de forma eficaz os diversos grupos que formam as corporações. Porém, acreditamos que hoje devemos utilizar uma linguagem bem informal e que serve como apoio na transmissão de informações de uma forma lúdica. Na programação é válido explorar os diversos quadros que formam a grade completa de rádio, como por exemplo, um jornal com as principais "manchetes" da empresa, informações relevantes, músicas feitas especialmente sobre os conteúdos, entrevistas com diversos funcionários, curiosidades, "causos" engraçados ou embaraçosos da profissão, comerciais personalizados e bem-humorados etc.

Ser + com Criatividade e Inovação

Treinamento Vivencial *Outdoor*: estas intervenções têm o objetivo de promover a integração, a motivação, a cooperação e a fomentação do espírito de equipe, o *team building*. O conceito de otimização e assertividade dos processos (através da criatividade e da proatividade com garra para realizar e superar tarefas) compõe, com o empreendedorismo e a melhoria contínua, os desafios de conteúdo através de dinâmicas comportamentais *outdoor* individuais e de trabalho em equipe. Todo o trabalho de atividades *outdoor*, bem como as dinâmicas comportamentais de campo, são realizados em perfeita integração e sintonia com o trabalho de sala de aula e amarrações realizadas pelo consultor no início e ao final do evento, bem como pelos facilitadores, ao longo de todos os *debriefings* que seguem cada atividade e desafio proposto. Vale lembrar que a integração com a natureza também é um importante diferencial no momento de realizar as atividades de treinamento.

TV Central: com o crescimento da comunicação por meio de vídeos, a TV Central foi lançada com o objetivo de facilitar ainda mais a comunicação entre as áreas estratégicas e a equipe de vendas da empresa. De maneira "caseira" e com linguagem simples e direta para otimizar o tempo de publicação e acesso, a TV Central marcou presença na programação da Central de Treinamentos. Assim como a "Rádio Central", vale envolver os colaboradores e incluí-los na programação, incentivando a participação com o envio de vídeos sobre novas ideias, dicas, sugestões, momentos de lazer etc.

Roberto Degregório Gerônimo
& Marcílio Leite Neto

Roberto Degregório Gerônimo
Atua como Gestor de Marketing Institucional da Apsen Farmacêutica S/A, atuou na área de Assuntos Corporativos coordenando Projetos Institucionais. Trabalhou na área de Vendas e de Treinamento e Capacitação da Força de Vendas, executou atividades e ações no campo de formação e desenvolvimento de processos e pessoas pela criação da Central Apsen de Treinamento e da Oficina Apsen de Gestão de Pessoas. Têm experiência de 10 anos na Indústria Farmacêutica. É membro da Associação Brasileira de Treinamento e Desenvolvimento – ABTD. Possui MBA de Gestão Empresarial em Marketing pela FGV e é Bacharel em Administração de Empresas. E-mails: roberto.geronimo@apsen.com.br ; beto.geronimo@uol.com.br

Marcílio Leite Neto
É Gestor do Departamento de Gestão de Pessoas da Apsen Farmacêutica S/A, atuou na área de Assuntos Corporativos, coordenando as áreas de RH/Gestão de Pessoas, Comunicação e Eventos da Apsen Farmacêutica. Trabalhou em Vendas e Treinamento e Capacitação da Força de Vendas, executou atividades e ações no campo de formação e desenvolvimento de processos e pessoas pela criação da Central Apsen de Treinamento e da Oficina Apsen de Gestão de Pessoas. Têm experiência de 11 anos na Indústria Farmacêutica. É membro da Associação Brasileira de Treinamento e Desenvolvimento - ABTD. Possui MBA de Gestão de Marketing pela Fundação Getúlio Vargas e é Bacharel em Publicidade e Propaganda. E-Mails: marcilio.neto@apsen.com.br ; marcilioapsen@uol.com.br

Site: www.apsen.com.br

Anotações

17

Inovação, transformando o discurso em prática

(...) as empresas precisam ter competência em gestão da inovação. Como esta pressupõe muita pesquisa, muitas análises, pilotos, protótipos etc., acaba se tornando subjetiva e difícil de mensurar. Então, a empresa precisa buscar as melhores práticas e os melhores profissionais para fazer uma inovação de forma profissional

Sérgio Cochela

Ser + com Criatividade e Inovação

Sérgio Cochela

Durante as últimas décadas, as empresas trabalharam fortemente na melhoria dos processos organizacionais, reduziram custos, passaram a ser mais eficientes, produziram com mais qualidade, entregaram mais rápido, atenderam melhor seus clientes. Enfim, tudo para fazer melhor do mesmo, sem a dúvida de que melhorar o dia a dia é fundamental para permanecer no mercado e participar do jogo, mas não é suficiente para garantir o futuro. Num mundo cada vez mais conectado, com alta concorrência, com ciclos de vida de produto cada vez mais curtos, o que vai fazer a diferença é a inovação. A inovação vai garantir a perenidade e a sustentabilidade da empresa e determinar se o negócio vai existir e ser competitivo daqui a cinco ou dez anos. Para que isso aconteça, a empresa deve querer e estar preparada para a inovação. Relaciono abaixo algumas sugestões que, na minha visão, podem ajudar as empresas a se prepararem melhor para a inovação, sendo mais produtivas e envolvendo as pessoas no processo.

Estoque de conhecimento — para haver inovação é preciso conhecimento, ninguém inova em um assunto que não domina; se isso é essencial, a empresa, em primeiro lugar, precisa conhecer o estoque de conhecimento que ela tem. E conhecimento é formação, experiência, projetos dos quais ela participou, áreas em que ela já trabalhou, assuntos que ela domina, assuntos que ela tem interesse e está se desenvolvendo. Este processo tem que ser dinâmico e com quebra de barreiras, principalmente geográficas. Hoje as empresas estão espalhadas pelo mundo e, em consequência, o conhecimento; portanto, a pessoa que precisamos para determinados projetos pode estar num outro lugar longe de onde estamos e, para utilizarmos este conhecimento, é necessário saber que ele existe. Outro aspecto importante sobre conhecimento é que, muitas vezes, ele não está dentro da empresa, e é necessário buscá-lo fora. Hoje, em função das tecnologias disponíveis, é muito fácil encontrar um conhecimento que precisamos, basta, para isso, querer e se organizar para tal. O tema *inovação aberta* não é novo e temos muitas experiências vencedoras usando este tipo de expediente.

É preciso elevar a capacidade de gerar inovação, as empresas precisam ter competência em gestão da inovação. Como esta pressupõe muita pesquisa, muitas análises, pilotos, protótipos etc., ela acaba se tornando subjetiva e difícil de mensurar. Então, a empresa precisa buscar as melhores práticas e os melhores profissionais para fazer uma inovação de forma profissional, com processos e métricas. Não podemos esquecer que a inovação é disciplina. Elevar a capacidade de gestão da inovação significa também saber que existe dinheiro para inovação e como utilizá-lo. Hoje, no Brasil, temos algumas modalidades de fontes de recursos. A primeira é o <u>crédito</u>, que são as linhas de financiamento disponível para investir em inovação, geralmente com taxas de juros mais baixas que o normal. A segunda forma de disponibilizar dinheiro para inovação são os <u>incentivos fiscais</u>; aqui, o governo renuncia parte de sua arrecadação para incentivar a inovação, e os maiores exemplos disso são a Lei do Bem e a Lei de Informática. Estas leis já são utilizadas por muitas empresas no Brasil, mas ainda há um grande desconhecimento do assunto por parte dos empreendedores. A terceira modalidade é <u>subvenção econômica</u>. Nesta modalidade, o governo disponibiliza dinheiro sem a necessidade de reembolso, isto é, "a fundo perdido", como é mais conhecido no mercado. A última forma de conseguir dinheiro para inovação é através de Venture Capital, ou seja, capital de risco, que pode ser dividido em Angel, Seed Money, Venture Capital, Fundos de Equity; o que caracteriza esta modalidade é que o investidor vira sócio e vai colocar dinheiro no negócio esperando um determinado retorno num determinado tempo, com o objetivo de fazer o desinvestimento ou saída do negócio.

Foco na execução — o que distingue as empresas e profissionais de sucesso é o alto poder de execução. Temos que ter ideias, iniciativas, *insights*, mas temos que entregar novos produtos e serviços mais rápido no mercado. Quem é empreendedor sabe que, quando achamos que estamos inovando, ao pesquisar o mercado, principalmente o externo, o que descobrimos não é tão inovador assim. Hoje está difícil ser inovador, por isso a velocidade tem que aumentar; inovação é composta por 2% de inspiração e 98% de transpiração. Para aumentar o foco na execução precisamos medir a inovação, precisamos ter métricas consistentes para nos ajudar a gerenciar o processo. As metas podem ser divididas em: **metas de intensidade**, como, por exemplo: esforço em inovação, investimentos em P&D; **metas de processo**, como: tempo de cada ideia nos vários estágios da inovação, tempo médio total, quem está aprovando mais, quem está aprovando menos; **metas de resultado**, como: faturamento em novos produtos em cinco anos; **metas de sustentabilidade**, cuja principal meta é o funil de inovação, isto porque é o funil que vai mostrar o quanto está entrando de ideias e o quanto está se convertendo em novos produtos e/ou serviços.

A maioria das grandes empresas tem uma área de pesquisa e desenvolvimento, ou pelo menos algumas pessoas focadas nisso. Agora, é difícil entender que uma empresa com 1.000 colaboradores possa resumir a inovação a 10 ou 20 pessoas, isso é menos de 2%. Sei o quanto é difícil envolver todos na inovação, até porque muitos não querem, mas é imperativo a empresa ter um espaço para que os talentos e as pessoas, que fazem diferença, possam contribuir para a inovação. A cada ano que passa os profissionais estão mais preparados e capacitados. A empresa não fazer uso disso é um desperdício.

Uma das formas mais conhecidas de envolver as pessoas na inovação é criar programas de inovação e melhoria contínua nas organizações. Além de ser uma excelente opção para a empresa criar novos produtos e melhorar seus processos, também se torna uma grande ferramenta para aumentar a motivação do time, mas um programa mal formatado pode virar uma grande "dor de cabeça". Um bom programa de inovação tem alguns fatores críticos de sucesso que, se não cumpridos, podem colocá-lo em risco e, um programa marcado pelo insucesso pode trazer transtornos enormes para as empresas. Abaixo, elenco estes fatores que irão determinar o sucesso, ou não, dos programas.

Alinhamento do programa à estratégia da empresa - O programa de inovação não pode ser algo isolado, mesmo que ele seja por tempo determinado, é imperativo que a empresa coloque o programa como parte integrante da estratégia e comunique isto às pessoas, pois estas se sentem bem fazendo parte do todo e não de algo que, muitas vezes, parece mais acidente de percurso do que algo planejado, e que foi criado apenas para satisfazer a vontade do dono, ou porque está escrito no conjunto de valores.

Patrocínio da liderança — não só do CEO, mas de toda a diretoria e gerência média da empresa. É esse grupo que, por meio de exemplos, tem que mostrar à empresa que aquilo é pra valer, e que esta o valoriza por isso. Esse patrocínio não pode ficar só no papel, tem que ir para o dia a dia da empresa, discutindo as novas ideias, avaliando-as, dando *feedback*, participando, promovendo eventos, mantendo a chama da inovação acesa.

Ter metas – quem não mede não gere. É necessário definir quais são as metas do programa, até porque, sem isso, não conseguiremos gerenciá-lo. Essas metas podem ser: ideias cadastradas, ideias aprovadas, ideias implementadas.

Reconhecimento e recompensa – nós, seres humanos, sempre que nos convidam para contribuir em algum projeto, programa ou desafio, temos sempre a mesma pergunta pronta: "O que eu ganho com isso?". É aqui que a empresa tem que mostrar que está disposta a dividir o ganho. Não se pode criar um programa de inovação em que a empresa fica com todo o resultado pra ela, tem que haver uma partilha desses benefícios alcançados pela empresa. Essa recompensa pode ser através de dinheiro, produtos, viagens, promoção, parte do ganho gerado. Além da recompensa financeira, é importante ter o reconhecimento, pois significa valorizar as pessoas que participam do programa, que dão ideias e que as implementam; mostrar para a empresa que isso é valorizado e que essas pessoas serão tratadas diferente.

Ser + com Criatividade e Inovação

Feedback em quantidade e no tempo certo — o maior erro de um programa de inovação é não dar *feedback* para as pessoas que colocaram suas ideias nele. Esse *feedback* tem que ser consistente e no tempo adequado, isto é, as pessoas precisam saber "a quantas anda" a sua ideia, com quem está, se foi aprovada, rejeitada e por quê. Sem isso, nenhum programa dá certo, é jogar dinheiro no lixo.

Operação simples do programa — qualquer que seja a forma de gerenciar o programa, essa forma tem que ser simples, seja via *software* ou não, ele não pode ser complexo, as pessoas têm que entender de forma rápida e fácil o programa, então use *software* de fácil utilização. Se as pessoas sentirem que é complexo, elas desistirão. Apesar de simples, o programa tem que ter um processo muito bem definido para que seja produtivo. Quando lançamos um programa de inovação, temos que estar preparados para receber ideias de todos os tipos e, com certeza, nem todas servem (e essas devem ser descartadas logo no início para que não se invista tempo e dinheiro em algo que não vai ter utilidade). Portanto, o processo claro, simples e com filtros muito bem definidos são essenciais.

Gente focada — programa de inovação, principalmente em médias e grandes empresas, precisa de gente focada. Seja uma pessoa, seja um grupo, esse pessoal tem como objetivo organizar o programa, resolver conflitos, tirar dúvidas, fazer o programa rodar e manter a chama da inovação acesa na empresa. Criar um programa e passar a sua gestão para alguém que vai se dedicar a isso no seu tempo livre é um grande erro porque, primeiramente, hoje, nas empresas, ninguém tem tempo livre, além disso, todos têm metas, objetivos, trabalham sob pressão e, com certeza, o gerenciamento do programa vai ficar de lado, principalmente se ele não fizer parte de suas metas.

Comunicação e mais comunicação — tenho escutado coisas do tipo: "Estão dando ideias que não têm nada a ver com o programa"; "as pessoas ainda têm dúvidas de como funciona"; etc. Isso é reflexo da falta de comunicação adequada. A comunicação deve ser suficiente para que todos tenham total conhecimento de como funciona, para que serve, qual a política de recompensa; sem isso, o programa terá grande probabilidade de receber contribuições fora do foco, o que vai gerar frustração para os participantes e trabalho improdutivo para a empresa, que estará analisando ideias que não agregam ao objetivo final.

Vivemos um momento ímpar para a inovação no Brasil. Nunca o ambiente de negócio esteve tão propício à inovação. Então, chegou a hora de sair do discurso e ir para a prática, só assim as empresas e o nosso país poderão jogar de igual para igual com os *players* mundiais.

Sérgio Cochela

Formado em Administração de Empresas pela Univille, pós-graduação em Finanças Empresarias pela FGV e MBA em Gestão Empresarial pela Fundação Dom Cabral. Especialização em *Marketing* e Gestão na Kellogg – School of management – USA. Trabalhou durante dez anos na Datasul S/A; por dez anos foi sócio e diretor da Futura Soluções em Finanças, uma franquia da Datasul S/A, atualmente é CEO da NOUS.

Site: www.noussoftware.com

E-mail: sergio.cochela@noussoftware.com

Telefone: (47) 3025.5806 / (47) 9935.1000

Twitter: @cochela

Facebook: http://www.facebook.com/profile.php?id=100002262558841

Anotações

18

Penso, logo tenho potencial para criar e inovar!

Uma das estratégias eficazes para atingir resultados notáveis é dar oportunidade para que as pessoas possam pensar e expor suas ideias livremente, e se possível colocar em prática suas soluções

Washington Zucoloto

Ser + com Criatividade e Inovação

Washington Zucoloto

Uma dica inicial: se você deseja conhecer as definições de criatividade e inovação, procure-as no *Wikipedia.org* e encontrará um vasto material para leitura. Meu objetivo não será definir, mas fazê-lo refletir como a criatividade e a inovação se manifestam em nosso dia a dia e como elas, juntas, podem levar você a atingir resultados notáveis!

Imagine um liquidificador. Agora, retire as facas que cortam os alimentos no interior do recipiente principal e as substitua por uma lâmpada. No botão externo de potência e velocidade, ao invés de ter uma escala de 1 a 10, pense em algo assim: liga, desliga, alto e baixo. Pronto! Este é um lampião que pode ser encontrado num dos inúmeros "malls" em *New Jersey*. Conheci pessoalmente nas férias de 2010. Um lampião no formato de um liquidificador, sem gás, sem precisar usar fósforo e com uma lâmpada halógena de 200 watts! Seguro, prático e com um visual inovador para um lampião.

Pense que agora está entrando num banheiro de um *shopping center*, e em uma das paredes você vê uma série de produtos sendo vendidos em pequenas porções, devidamente embalados. Perfume, biscoito, minitoalhas higiênicas etc. Basta apenas depositar uma moeda, e o produto está em suas mãos. Num banheiro?! Isso mesmo!

Longe das grandes e modernas lojas, eu era um menino com sete anos de idade, e meu avô costumava me levar para caçar passarinhos na região de Itapuí, próxima das cidades de Bauru e Jaú, no interior de São Paulo. Naquela época não havia IBAMA, e nas escolas não se falava em meio ambiente e sustentabilidade. Minhas férias, durante a maior parte da minha infância, quase sempre eram ao lado dele, o Sr. Pedro. Conhecido como Pedrinho da Mota. Seus amigos o chamavam assim porque ele trabalhou mais de trinta anos operando uma motoniveladora na prefeitura da cidade para abrir estradas. Por isso Pedrinho da Mota. Sobrenome Mota ele não tinha não, era Ferrassoli, italiano puro!

Eu cresci e nunca me esqueci de uma gaiola que usávamos para pegar passarinhos. Ele mesmo fabricava na época. Era especial, e ele gostava dela por um grande motivo: quando o passarinho entrava na gaiola, automaticamente ela se armava novamente. Isso mesmo! Era possível pegar inúmeros pássaros sem precisar se aproximar várias vezes. Desconsiderando a falta de consciência ecológica, eu considerava meu avô um gênio!

Como um lampião, produtos à venda num banheiro e uma gaiola podem nos ajudar a pensar e a agir com ousadia para obter melhores resultados? Todos esses exemplos estão diretamente ligados a pessoas que foram estimuladas a encontrar soluções inovadoras ou simplesmente fazer de forma diferente ao padrão.

Ser + com Criatividade e Inovação

O que é criatividade e inovação? Não sei. São difíceis de definir, porém fáceis de perceber quando as vemos!

Percebermos a criatividade e a inovação também se olharmos para o processo de solução de problemas em nosso dia a dia e não somente nos produtos e serviços que são lançados ou oferecidos. Para reforçar essa ideia, há uma história muito interessante sobre um homem que estava muito doente, era paralítico e vivia numa cidade onde os doentes eram excluídos da sociedade e realmente desprezados por muitos.

Certo dia, quatro homens decidiram levá-lo para um homem que se encontrava em sua cidade, e que muitos diziam ter poder para curar as pessoas. Quando esses quatro homens chegaram ao lugar desejado, notaram que a casa estava completamente cheia de pessoas e seria impossível entrarem com o paralítico, trazido numa maca, pela porta principal. O que fazer numa situação como essa?

É, nesta hora, também, que a criatividade e a inovação entram em cena diante do impossível aos olhos humanos. Eles não podiam perder a viagem! O problema era como entrar com o homem paralítico diante de um obstáculo intransponível. Os homens solidários então, diante da impossibilidade de entrarem pela porta principal, abrem um acesso no telhado da casa e descem o paralítico até o local onde o homem de grande poder se encontrava. Narra a história que o paralítico foi curado, e todos que estavam presentes ficaram maravilhados pelo que viram e pela fé daqueles quatro anônimos!

Eu nunca imaginaria entrar com uma pessoa pelo telhado. Por que essa decisão? Porque, quando somos desafiados a resolver problemas ou a encontrar soluções para as necessidades que nos cercam, nossa criatividade invade o momentâneo "ócio mental da inovação" e trabalha incansavelmente na busca de uma alternativa. Se trabalharmos em equipe, bem gerenciada, essa capacidade de gerar novas ideias pode ultrapassar limites! Se você quiser ler essa história na íntegra, ela se encontra na Bíblia, no livro de Marcos, capítulo 2. A criatividade e a inovação não escolhem época nem a idade das pessoas!

Grandes empresas e também as pequenas que pensam grande dão oportunidade e desafiam seus colaboradores a não apenas inventarem novos lampiões, mas também a eliminarem insatisfações atuais com simplicidade e praticidade. Desafiam as pessoas a encontrarem oportunidades de vender mais seus produtos e serviços dando a liberdade para que isso ocorra até mesmo dentro de um banheiro de *shopping center*. Equivocadamente também criam simples gaiolas eficientes e eficazes.

Enfim, uma das estratégias eficazes para atingir resultados notáveis é dar oportunidade para que as pessoas possam pensar e expor suas ideias livremente, e se possível colocar em prática suas soluções. A criatividade e a inovação não existem sem que haja oportunidade e liberdade para as pessoas pensarem!

A criatividade e a inovação podem auxiliar sua empresa ou sua vida pessoal nos momentos de maior dificuldade e desafio. A frase "Nos momentos de crise é que surgem as maiores oportunidades" é uma verdade. As empresas e as pessoas que querem crescer pensam em alternativas para sair da própria crise e encontram novos caminhos. Nisso os brasileiros são PhDs!

Sucesso!

Ser + com Criatividade e Inovação

Washington Zucoloto

Desenvolve projetos em Gestão de Pessoas atuando como Palestrante em empresas como a Volkswagen do Brasil, MAN Latin America, Nadir Figueiredo, Viação Cometa, Trelleborg, Kikuchi, TAKATA PETRI, Metalpo, Combustol, Roasted Potato Franshising, New Oldany entre outros clientes. Sua experiência profissional foi fortemente solidificada atuando em uma das 10 Melhores Empresas para se Trabalhar no Brasil e na América do Sul (Meritor) ao lado das principais montadoras de caminhões e ônibus, onde atingiu resultados reconhecidos mundialmente em Pós Vendas, na redução de custos de garantia utilizando ferramentas de melhoria contínua e como Palestrante em inúmeros Seminários Nacionais e Internacionais. Coautor do livro Ser+com Palestrantes, da Editora Ser Mais. Diretor e Palestrante na Zucoloto.com, Bacharel em Administração de Empresas e Teólogo pela Universidade Metodista/SP. Coach e Membro da Sociedade Latino Americana de Coaching. Graduado em Hawaii/Maiu/USA em 2001 em Advanced Leadership Skills tornando-se membro e professor do Haggai Institute no Brasil em Comunicação Eficaz e Gestão de Pessoas.

Sites: www.zucoloto.com
E-mail: zucoloto@zucoloto.com
Twitter: wzucoloto
Telefones: (11) 8903-5433 / (11) 5181-3564

Anotações

19

Para ter mais, você precisa ser mais – criativo e inovador...

E agora?

Vamos bater um papo sobre um processo evolutivo de cinco etapas:

1 – Praticar e não apenas pregar criatividade e inovação
2 - Quebrar paradigmas e não ser quebrado pela mesm!ce
3 – Ser agente de mudança e não ficar refém da mudança ...
4 – Tornar-se um Intraempreendedor – o inovador que faz a diferença
5 – Ser mais, ter mais...

No final você vai entender por que saber lidar com criatividade e inovação vai facilitar a sua carreira

Werner K. P. Kugelmeier

Werner K. P. Kugelmeier

1 – Praticar e não apenas pregar criatividade e inovação

Muito se fala de criar e inovar, conceitos muitas vezes mesclados entre si, embora bem distintos um do outro.

O termo *criar* significa *gerar* uma ideia, enquanto *inovar*, "a ordem do dia", significa *executar* ideias geradas.

Para dar um norte para à sua atuação, vamos cruzar criatividade alta/baixa e inovação alta/baixa, considerando as seguintes situações:
- Criatividade baixa e inovação alta
  o Fazemos (apenas) barulho
- Criatividade baixa e inovação baixa
  o Gastamos tempo
- Criatividade alta e inovação baixa
  o Fica como está
- Criatividade alta e inovação alta
  o Teremos sucesso

Para facilitar o seu dia a dia como profissional criativo e inovador, seguem aqui três dicas para criar e inovar na sua área de atuação:

1. Pergunte à sua equipe: o que podemos fazer melhor ou diferente, para sermos mais competentes na busca de soluções e resultados?

2. Analise o que outros estão fazendo melhor ou diferente do que você faz *(benchmarking)*.

3. Crie uma rede de relacionamento *(network)* com contatos que atuam em ambiente semelhante ao seu e cruze o seu aprendizado com o aprendizado de outros.

O "x" da questão é acessar o potencial criativo e inovador de outros, dentro e fora da sua área.

Como expandir a capacidade *criativa*?

Vamos partir de uma reflexão de Albert Einstein: "Não há nada que seja maior evidência de insanidade do que fazer a mesma coisa dia após dia e esperar resultados diferentes".

Se você quer ser mais criativo, faça coisas diferentes todos os dias! Mude o seu ambiente de trabalho! Mude alguma coisa no seu lar! Veja novos filmes! Vá a novos lugares! Fale com novas pessoas! Leia livros variados! Na medida em que nossa mente fica exposta a novidades, desenvolvemos nossa curiosidade, uma observação mais aguçada e a facilidade de conectar ideias.

"Cérebro é como um paraquedas: funciona quando aberto", autor anônimo.

Como expandir a capacidade *inovadora*?

A criatividade por si só não basta. É preciso implementar a ideia criativa, transformando-a em uma inovação através de novas práticas ou novos processos.

A melhor forma de assegurar a inovação é estar atento ao que não funciona ou funciona mal. Inovar é melhorar e resolver de uma forma original. As grandes oportunidades estão na insatisfação dos clientes – internos e externos. Basta perguntar: Como estou me saindo? Um bom começo para criatividade e inovação transformadas em ação...

2 - Quebrar paradigmas e não ser quebrado pela mesmice

Paradigma, palavra de origem grega *"parádeigma"*, significa "modelo padrão".

Em linguagem corporativa, "quebrar paradigmas" é substituir padrões convencionais por padrões novos.

O processo de quebra de paradigmas ("quebrando mesm!ce") percorre as seguintes fases:

Velho paradigma -> surgimento de novas exigências -> busca de solução -> criação > inovação -> novo paradigma -> implantação.

Esta evolução traz consigo novas práticas de gestão empresarial, tais como:
- Relações com os públicos da empresa:
Velho Paradigma – Assunto da Alta Direção;
Novo Paradigma – Responsabilidade de todos.
- Gestão Estratégica:
Velho Paradigma – centralizada;
Novo Paradigma – participativa.
- Gestão Humana:
Velho Paradigma – voltada para "Administração de Recursos Humanos";
Novo Paradigma – voltada para "Valorização do Capital Humano".
- Gestão Mercadológica Internacional:
Velho Paradigma – concentrada na competência internacional;
Novo Paradigma – estendida para o comportamento intercultural.
- Gestão de Resultado:
Velho Paradigma – centralizada, reativa, defasada, no "chutômetro", em planilha.
Novo Paradigma – participativa, pró-ativa, em tempo real, com precisão, com suporte de softwares empresariais.

Cabe aos gestores incentivar os colaboradores a compartilhar aprendizados, o que os americanos chamam de *"focus group"* (grupo focado na solução de um determinado problema); é assim que a empresa pode se tornar uma usina de ideias.

O uso da Tecnologia da Informação e Comunicação - TIC ajuda na agilização deste processo, na medida em que se acabe com os "feudos de informação" que seguram a informação, por vaidade e/ou medo de perda de poder (velho paradigma), partindo para "círculos pensantes" que compartilham informação, visando o poder do todo (novo paradigma).

Um exemplo prático é a criação de bancos digitais de conhecimento e de casos de sucesso - um "armazém da inteligência corporativa", acessível a quem precisa acessá-lo, para "não reinventar a roda" na hora de buscar uma solução.

Resta salientar que a quebra de mesm!ce por si só não vale nada; ela deve ser embasada na ação. Aos públicos da empresa (colaboradores, clientes, fornecedores, comunidade, investidores) - os chamados *stakeholders*, não importam intenções. O "tchan" da gestão empresarial é percebido através de AÇÕES. O que determina o sucesso da empresa é aquilo que ela realmente FAZ – para eles.

3 – Ser agente de mudança e não ficar refém da mudança ...

A competitividade da empresa depende cada vez mais da consciência dos colaboradores quanto ao seu papel de "agente de mudança".

Mudar é a oportunidade de ser mais, maior e/ou melhor! Esta é a ideia central dos projetos de mudança.

O inesperado sempre causou impacto no ser humano; é mais fácil ficar na chamada zona de conforto, do que enfrentar o novo e se adaptar a ele. Albert Einstein já refletiu: "É mais fácil desintegrar um átomo do que um paradigma".

Para assegurar uma mudança "sem ruído" o gestor precisa comunicar e praticar o discurso da mudança (*walk the talk*), assim como saber responder a perguntas como: Para onde estamos indo? Qual é o resultado esperado? Como cada um pode contribuir com o seu potencial produtivo? Quais as competências e tarefas necessárias para alcançar o sucesso na mudança? Por que a mudança é benéfica para o todo?

Só assim, as mudanças podem se tornar a mola propulsora para o desenvolvimento do profissional, o qual, em conjunto com os demais colaboradores, gera os impactos desejados para a organização como um todo.

Se a empresa quiser estar ou se manter à frente de mudanças e você estiver perdendo terreno, fique atento, pois há uma grande probabilidade de você não estar desenvolvendo a competência que a empresa precisa provar perante os *stakeholders*.

Faça-se lembrado para fazer parte de um comitê de mudança ou de uma força tarefa cuja incumbência é executar uma mudança, por ex., o lançamento de um novo produto ou serviço, e aceite indicadores de desempenho que levam ao resultado desejado da mudança.

Cabe a cada um escolher em que time jogar: Mudar ou ficar refém da mudança...

4 – Tornar-se um Intraempreendedor – o inovador que faz a diferença

Todos nós conhecemos pessoas que galgaram os degraus do sucesso; conhecemos também pessoas que parecem colecionar fracassos.

Qual a diferença entre quem atingiu o sucesso e quem costuma fracassar?

Ser + com Criatividade e Inovação

A diferença é apenas esta: a postura que reflete no estado de espírito.

Enquanto um tem uma postura vencedora perante a vida pessoal e profissional, o outro acumula pensamentos derrotistas.

O primeiro o americano costuma chamar de Intraempreendedor (*intrapreneur*), palavra que significa, ao pé da letra, "empreendedor interno", isto é, aquele que faz as coisas acontecerem *dentro* da empresa em que trabalha.

Como vamos entender "Inovação" no mundo dos negócios? Inovação é um produto ou um serviço novo que pode ser comercializado e(!) que tem um mercado potencial. Para explorar o potencial, o produto ou serviço deve conter algo novo para seduzir e manter o cliente.

Seguem aqui algumas dicas para se tornar um Intraempreendedor inovador:

a - Olhe para fora, fazendo (novas) perguntas, como
- "Por que outros acertam e nós não?"
- "Por que não menos papo inteligente e mais execução efetiva?"
- "E se (não) deixar tudo como está?"

b - Mostre inconformismo, saindo da zona de conforto, e expresse novas ideias que pegam e que podem causar impacto, tais como;
- Não apenas formular estratégias, mas transformá-las em ação e resultado com suporte gerencial-digital (*Balanced ScoreCard – BSC*);
- Não apenas atrair pessoas com potencial intraempreendedor, mas desenvolver *equipes* compostas por eles (*Teambuilding*);
- Não apenas achar o cliente, mas saber ser achado por ele (*WEB Marketing*).

c - Se você acha que tem uma boa ideia, assuma a sua convicção e convença os outros a aceitá-la e implantá-la.

Você pode contar sempre com dois grandes aliados: "Tempos loucos exigem ideias loucas", enfatizou Tom Peters; e Albert Einstein afirmou: "Se à primeira vista a ideia não for absurda, não há esperança para ela".

Portanto, não hesite em se expor às críticas alheias; o medo bloqueia carreiras e paralisa empresas! O pior que pode acontecer é recusarem sua ideia.

d - Reserve tempo para pensar, pelo menos 30 min/dia, e pergunte: O que EU estou fazendo de diferente (no meu botequim)?

e - Corra risco e aprenda com o erro, fazendo do erro uma oportunidade para "errar melhor" - antes que eles achem um erro manter você..."Só não comete erros, quem nunca faz nada", ensina um autor anônimo.

5 – Ser mais, ter mais...
Ser mais criativo e inovador abre a porta para ter mais...

Werner K.P. Kugelmeier

      Ministra palestras, cursos e consultoria de Gestão Empresarial. Formado em Administração de Empresas e Direito na Alemanha, desenvolveu carreira de 25 anos em multinacionais no Brasil, viajou a negócio para mais de 60 países, nos 5 continentes, e fez cursos de práticas avançadas em Gestão Empresarial nos EUA. Desde 2000, atua na área de Educação Corporativa; atualmente à frente da WK Prisma, uma empresa de treinamento empresarial, com foco em soluções de apoio à gestão e às operações empresariais.
"Não somente ensinar, mas ajudar a fazer, esta é a nossa diferença".
É autor do livro de gestão empresarial "PRISMA – girando a pirâmide corporativa" - um guia que leva profissionais a um desempenho superior (Editora Publit, 2007).

Sites: www.wkprisma.com.br / www.gestaoempresarial.adm.br
E-mails: wkprisma@wkprisma.com.br
Telefones: (19) 3256-8534/3308-7778

Anotações

20

A criatividade e a inovação nas empresas

Pessoas criativas são participativas, ouvintes, amam o desafio, ignoram a possibilidade de ficar inertes como os outros e simplesmente agem. Líderes inovadores inspiram suas equipes a voar como águias e estimulam as pessoas a cada vez mais estudar, buscar informação, gerar conhecimento e a partir desse conhecimento repensar o comportamento, gerar o novo e o inusitado a partir de ideias criativas e da prática da inovação

William Caldas

William Caldas

O escritor Domênico De Masi afirma, em seu livro *Ócio Criativo*, que "o futuro pertence a quem souber libertar-se da ideia tradicional do trabalho como obrigação ou dever e for capaz de apostar numa mistura de atividades, onde o trabalho se confundirá com o tempo livre, com o estudo e com o jogo, enfim, com o ócio criativo'". Albert Einstein dizia que "se, a princípio, a ideia não é absurda, então não há esperança para ela".

Ao longo da história, percebemos que a maior parte dos pensadores dos temas criatividade e inovação refere-se a um único ator: o ser humano. O que nos impressiona é que ainda há, em muitas organizações, a ideia de que "ter ideia" é perda de tempo e de dinheiro, ou que é arriscado demais. Infelizmente os modelos de gestão vão se repetindo, evitando o novo, o inovador, o inusitado.

Alguns motivos que cooperam para que a criatividade das pessoas seja tolhida nas empresas:

- Chefes despreparados para gerir pessoas criativas e inovadoras

É desmotivador para qualquer profissional ter um líder que percebe os idealistas e inovadores como ameaças. Chefes assim podem até não perceber, mas quase sempre consideram inúteis as ideias que lhes são apresentadas, ainda que possam ser boas para o negócio e para a empresa. Apesar de não aprovarem as ideias vindas de seus liderados, em alguns casos, quando percebem que a ideia é boa, se apropriam e falam dela publicamente, às vezes tomando o cuidado de apresentá-la em uma versão ligeiramente diferente. Esse comportamento não é correto para um gestor contemporâneo.

- Cultura organizacional desfavorável à inovação

Sabemos que, em resumo, a cultura de uma empresa está ligada ao DNA de seu fundador e isso tem uma força quase sobrenatural no DNA da equipe. Cada palavra dada pelo gestor é tida como lei, assim como seu comportamento, portanto, cabe a ele instigar as pessoas a serem mais criativas e a se libertarem da prisão mental. Ele deve ousar, criar, ou seja, inspirar as pessoas. Agora digamos que esse fundador não tenha tido a melhor orientação acadêmica ou que tenha vivido em uma época em que o instinto lhe garantia sobrevivência. Obviamente esse instinto é extremamente valoroso para quem gere o negócio, porém, hoje os tempos são outros. Poderoso passou a ser quem tem conhecimento. E essa matéria-prima pode e deve ser amadurecida na mente das pessoas ao longo da história da empresa. Quando esse fundador contrata um gestor com ideias que requerem da empresa correr um pouco mais de risco para dar um salto em inovação, existe o famoso "freio de mão", que ao ser puxado dá um tranco de tal forma na equipe que surge outra expressão muito conhecida: "Aqui as coisas são assim, não tem como mudar". A forma com que a empresa é conduzida, seja pelo fundador, seja pelas demais gerações, dita a cultura da empresa e por consequência afeta a atitude das pessoas que nela trabalham em relação à inovação.

Olhando agora para quem trabalha no nível operacional das empresas, o que temos são impressões que, em parte, me assustam. Costumo dizer em minhas palestras que uma forma de medir a atitude das pessoas é saber o tamanho da ambição delas. Pessoas ambiciosas por uma melhor qualidade de vida para elas e seus familiares tendem a querer participar mais, dar mais ideias, viver a empresa em sua essência. E não é necessário estar no corpo diretor da organização. Outro dia conheci uma moça que me serviu um *capuccino* em uma loja de cozinhas planejadas na zona sul de Belo Horizonte que me deixou impressionado com seu nível de requinte e de atenção. Ao ser solicitada para me servir um *capuccino*, ela foi logo me dizendo com um largo sorriso: "O senhor irá tomar o melhor *capuccino* da sua vida". Estilo, presteza, educação, simpatia, o requinte da xícara, todo aquele conjunto me causou excelente impressão, principalmente quando penso em todos os mal atendimentos que vivenciamos no dia a dia. Contei essa história em mais de 100 palestras no ano passado. O que aquela moça teve de inusitado: o *capuccino*, o sorriso? Não, ela inovou na forma de servir um *capuccino*, ela está comprometida com a venda dos produtos da empresa e se percebe importante no processo de encantar o cliente.

A questão é que uma boa parte das pessoas que trabalham nas empresas em níveis operacionais estão se importando pouco em ter ideias, em ser inovadoras. Existe uma baixa autoestima que as impede de ousar, de instigar suas mentes a querer tentar, e com isso seus níveis de produção tendem a ter resultados pouco expressivos, no máximo medianos. Na contramão dessa estrada, encontramos profissionais mais criativos que nos dão a esperança de que é possível continuar destacando estas pessoas inovadoras de forma a inspirar as demais, desde que as empresas tenham estratégias de aprendizagem. Listarei abaixo comportamentos que demonstram baixo interesse pela criatividade e pela inovação:

- Desinteresse pelo estudo

Infelizmente, ainda que saibam que o mercado valoriza cada vez mais pessoas detentoras de conhecimento, muita gente ainda para no meio do caminho. Estudam até completar o ensino médio e ficam inertes em seus lugares, por puro comodismo. Acreditam que "está bom do jeito que está" e com isso, esse "DNA" é passado de geração em geração, até que alguém venha a "quebrar esta corrente" de pouca ambição.

- Desinteresse pela empresa

Costumo conversar com colaboradores de empresas quando estou fazendo pesquisas de campo e observo o quanto as pessoas desconhecem onde trabalham. Imagino que se algum dia elas forem arguidas sobre como é a estrutura da empresa onde trabalham, quem são seus acionistas, principais clientes, principais produtos ou coisas desse tipo, e dependendo das respostas pudessem ser promovidas em seus cargos, chego a apostar que muitos perderiam a chance, pelo simples fato de não se interessar pela organização. Simplesmente chegam, batem seus pontos, trabalham e vão embora.

- Falta plano de vida e visão de futuro

Muitas empresas têm investido alto na educação financeira de seus colaboradores. Imagino que os motivos sejam muitos, mas enfatizo dois:

1) Para que consigam distribuir de forma inteligente seus ganhos ao longo do ano, não gastando mais do que ganham, evitando problemas com inadimplência.

2) Para que possam fazer planos para eles mesmos e para suas famílias. Empresas que apostam no profissional criativo acreditam que, para que a ideia surja, a equipe tem que ter "qualidade de vida no âmbito pessoal". Para isso as áreas de recursos humanos buscam cada vez mais "criatividade" para estimular as pessoas a viver de forma qualitativa fora das quatro paredes da empresa.

Em resumo, o mercado está propenso a dar mais emprego, altos ganhos e muitos mimos aos criativos e inovadores. O conhecimento é a vitamina que faz os profissionais de hoje serem mais bem-sucedidos. Só existe conhecimento se houver contato das pessoas com a informação. Uma vez processada a informação em suas mentes, aí sim existirá de fato o conhecimento. As empresas que possuírem maior massa acumulada de conhecimento por metro quadrado estarão a passos largos rumo ao futuro que será sempre melhor. Pessoas criativas são aquelas participativas, boas ouvintes, que amam

Ser + com Criatividade e Inovação

o desafio, ignoram a possibilidade de ficar inertes como os outros e simplesmente agem. Pessoas criativas são participativas, ouvintes, amam o desafio, ignoram a possibilidade de ficar inertes como os outros e simplesmente agem. Líderes inovadores inspiram suas equipes a voar como águias e estimulam as pessoas a cada vez mais estudar, buscar informação, gerar conhecimento e a partir desse conhecimento repensar o comportamento, gerar o novo e o inusitado a partir de ideias criativas e da prática da inovação.

Pense nisso.

William Caldas

Formado em Comunicação Social, bacharel em Relações Públicas com extensão em Gestão do Conhecimento pela Fundação Getúlio Vargas. Vendedor por mais de 10 anos no mercado brasileiro. Atuou como consultor especialista para a multinacional americana Equifax, atendendo para esta, empresas de diversos segmentos (indústria, comércio, atacado e varejo). Coautor dos livros: *Do porteiro ao presidente, todo mundo vende, todo mundo atende* - editora C/Arte (2009), *Os 30+ Especialistas em motivação do Brasil* - editora 3C (2009), *Ser+ com PNL - Dicas de Programação Neolinguística que podem mudar sua vida* – da editora Ser Mais (2010). Autor dos DVDs: gravado ao vivo em Belo Horizonte/ MG *Show de Atendimento* (2009); *As etapas vitais da venda*, gravado em Paris/França (2011); *Os 10 maiores erros de um chefe*, gravado em Zurich/ Suíça (2011). *Motivação para equipes de vendas*, gravado em Milão/ Itália e *5 coisas óbvias em atendimento que te fazem perder vendas*, gravado em Londres/ Inglaterra. Eleito em 2009 pela Editora 3C do Rio de Janeiro, como um dos 30+ especialistas em motivação do Brasil. Pesquisa a vanguarda das estratégias de atendimento a clientes no Brasil.

Entre 2010 e 2011 foi a Portugal, Espanha, França, Estados Unidos, Inglaterra, Alemanha, Suíça e Itália, para pesquisar os processos de atendimento a clientes e vendas.

Site: www.williamcaldas.com.br
Telefone: (31) 9796-8911

Anotações